NATURAL RESOURCES

自然资源

电子政务一体化建设模式与创新

曾忠平 著

华中科技大学出版社
http://press.hust.edu.cn
中国·武汉

图书在版编目(CIP)数据

自然资源电子政务一体化建设模式与创新 / 曾忠平著. -- 武汉：华中科技大学出版社，2024.6. -- ISBN 978-7-5680-7716-3

Ⅰ．F124.5-39

中国国家版本馆 CIP 数据核字第 2024YU9101 号

自然资源电子政务一体化建设模式与创新
Ziran Ziyuan Dianzi Zhengwu Yitihua Jianshe Moshi yu Chuangxin

曾忠平　著

策划编辑：张馨芳
责任编辑：苏克超
封面设计：廖亚萍
责任校对：张汇娟
责任监印：周治超

出版发行：华中科技大学出版社（中国·武汉）　　电　话：(027) 81321913
　　　　　武汉市东湖新技术开发区华工科技园　　邮　编：430223
录　　排：华中科技大学出版社美编室
印　　刷：湖北金港彩印有限公司
开　　本：710mm×1000mm　1/16
印　　张：12　插页：2
字　　数：242千字
版　　次：2024年6月第1版第1次印刷
定　　价：78.00元

本书若有印装质量问题，请向出版社营销中心调换
全国免费服务热线：400-6679-118　竭诚为您服务
版权所有　侵权必究

前　言

整合政务服务资源，优化业务流程，强化部门协同，推动政务服务从政府供给导向朝群众需求导向转变，为建设人民满意的服务型政府提供有力支撑，是新时期我国政府部门信息化和电子政务建设的根本遵循。机构改革背景下的自然资源部门，还面临着组织架构重组、业务融合优化、数字化转型等任务和挑战。根据《数字中国建设整体布局规划》《国务院关于加快推进全国一体化在线政务服务平台建设的指导意见》《国务院关于加强数字政府建设的指导意见》《国务院关于进一步优化政务服务提升行政效能推动"高效办成一件事"的指导意见》等文件相关精神，持续加强自然资源信息化的顶层设计工作，扎实推进自然资源电子政务建设朝一体化方向发展，是当前和今后一段时间自然资源信息化建设的关键任务。

围绕党中央、国务院对政务信息系统建设提出的新发展方向和新时期对自然资源部信息化工作的要求，继 2019 年 11 月印发《自然资源部信息化建设总体方案》之后，2024 年 2 月自然资源部又印发了《自然资源数字化治理能力提升总体方案》，相关方案明确提出，要持续推进自然资源部门的电子政务系统建设，构建自然资源全流程一体化在线服务平台，完善全域全周期数据要素体系，促进互联网、物联网、人工智能与自然资源电子政务服务深度融合。在数字化转型时期推动包括自然资源在线政务服务在内的自然资源电子政务一体化建设工作，既是各级自然资源管理部门推动各项业务活动顺利开展的工作需要，也是数字中国建设对自然资源电子政务建设的必然要求。

本书从自然资源电子政务建设内外联动一体化视角，结合当前自然资源电子政务建设实际，对自然资源电子政务的发展沿革和建设成效进行了简要梳理。并以此为基础，分析了自然资源电子政务一体化建设和发展过程中存在的问题。就当前制约电子政务一体化建设的部分关键问题，结合当前自然资源管理和信息技术发展趋势，分别从自然资源数据获取一体化、数据组织管理一体化及业务全生命周期管理、信息服务一体化等层面出发，提出自然资源电子政务一体化能力建设提升的解决思路和优化方案以及相关建议。

本书的目的主要是为自然资源信息化方面的相关研究人员提供目前自然资源电子政务一体化建设的相关进展。本书也可以作为从事电子政务研究的在校学生或者希望对自然资源电子政务建设有更多深入了解的从业人员的参考资料。尽管本书的相关研究工作和成果有助于深化对自然资源电子政务一体化建设方面的理解，结合具体的应用场景，在自然资源电子政务一体化建设思路、智能化创新等方面也形成了一些新的认识，但需要注意到，自然资源电子政务一体化建设涉及的政策体系、业务体系、应用体系、标准体系、技术体系、管理体系等方面的因素非常复杂，囿于时间、调研条件等方面的制约因素，本书仍然存在诸多不足之处，恳请读者批评指正。

本书相关研究工作得到了湖北省自然资源厅信息化处以及相关业务处室的大力帮助和支持，湖北省自然资源厅信息中心李江副主任对本书的部分章节进行了精心的指导，并提出了诸多宝贵建议，部分业务处室和相关信息系统的承建单位也提供了宝贵的技术资料。笔者所指导的学生葛张宇、李婧、张文静、成敏、高晓梅等辅助制作了部分章节的图表，华中科技大学公共管理学院对本书的出版给予了支持。此外，在自然资源电子政务一体化建设总体架构设计方面，华中科技大学文科双一流建设项目"数字政府与人工智能治理"（项目编号：3011407038）提供了部分技术支持；同时，在实景三维技术应用方面，借鉴了湖北省重点研发计划项目"文旅景区三维数字化平台关键技术研究"（项目编号：YFXM2021000012）的部分思路和研究成果。在此一并致谢。

目 录

第一章 绪论 ·· 1
  第一节 研究背景与研究价值 ······························· 1
  第二节 相关理论基础 ······································· 3
  第三节 自然资源电子政务发展沿革 ······················· 6
  第四节 自然资源电子政务建设成效 ······················· 11

第二章 自然资源电子政务一体化建设问题与需求分析 ····· 15
  第一节 自然资源电子政务一体化建设的内涵分析 ········ 15
  第二节 电子政务一体化建设面临的问题分析 ············· 25
  第三节 自然资源电子政务一体化建设发展着力点 ········ 29

第三章 自然资源电子政务一体化建设业务体系分析 ······· 38
  第一节 自然资源业务类型与信息系统构成概述 ·········· 38
  第二节 自然资源数据共享与跨部门业务协同分析 ········ 42
  第三节 自然资源业务全生命周期分析 ···················· 44

第四章 自然资源电子政务一体化建设目标与内容 ·········· 47
  第一节 自然资源电子政务一体化建设总体目标 ·········· 47
  第二节 自然资源电子政务一体化建设基本原则 ·········· 48
  第三节 自然资源电子政务一体化建设主要内容 ·········· 49

第五章　自然资源电子政务一体化建设总体架构与关键技术支撑 …… 58
第一节　基于思维导图的自然资源信息化集成框架分析 …… 58
第二节　自然资源电子政务一体化建设总体架构设计 …… 60
第三节　自然资源电子政务一体化建设关键技术支撑 …… 66

第六章　自然资源数据中心建设模式分析 …… 89
第一节　自然资源数据构成与数据库类型概述 …… 89
第二节　数据集成汇交模式与更新机制 …… 98
第三节　面向全业务生命周期的数据治理模式 …… 101
第四节　基于业务逻辑的数据关联治理与数据融合 …… 105
第五节　自然资源业务数据一体化分析与应用服务 …… 107

第七章　面向全流程的地政业务数据关联一体化建设模式探索 …… 109
第一节　基于全流程视角的地政业务体系概述 …… 109
第二节　新增建设用地报批业务系统构成与存在问题分析 …… 111
第三节　地政业务数据关联检索一体化需求分析 …… 114
第四节　面向全流程的建设用地报批业务数据关联机制的建立 …… 117
第五节　原型系统的设计与实现 …… 121

第八章　自然资源电子政务建设技术创新发展与应用 …… 135
第一节　自然资源部门电子政务建设技术创新发展趋势分析 …… 135
第二节　边缘计算与混合云雾物联网架构技术发展与应用 …… 139
第三节　分布式空间数据存储管理技术发展与应用 …… 147
第四节　地理空间智能计算与实景三维场景应用 …… 149
第五节　多传感网络协作感知与多源数据综合集成 …… 156
第六节　空间区块链技术与隐私计算 …… 159
第七节　自然资源在线政务一体化服务模式创新 …… 161

主要参考文献 …… 179
后记 …… 184

第一章

绪论

自然资源电子政务一体化建设是复杂的工程，涉及网络基础设施、数据建设、业务流程、信息服务等方方面面。自然资源电子政务建设涉及的业务体系庞大，层级和部门众多，业务关系复杂，数据种类繁多，究竟从哪些层面深入推动自然资源一体化工作，不同的学者有不同的理解。为促进各方对自然资源电子政务一体化建设的认识和理解，有必要对自然资源电子政务建设中存在的问题进行归纳分析和比较，并厘清当前电子政务一体化建设的理论和方法，以深化各方对自然资源电子政务一体化建设工作的认识和理解，推动新形势下自然资源电子政务建设向一体化、集约化、智能化方向发展。

第一节 研究背景与研究价值

一、研究背景

中共中央、国务院于2023年印发的《数字中国建设整体布局规划》，明确提出了数字中国建设要按照"两大基础"（数字基础设施、数据资源体系）、"五位一体"（数字技术与经济、政治、文化、社会、生态文明建设深度融合）、"两大能力"（数字技术创新体系、数字安全屏障）、"两个环境"（数字化发展国内国际）整体框架布局进行深入推进。到2025年，基本形成横向打通、纵向贯通、协调有力的一体化推进格局，数字中国建设取得重要进展；到2035年，我国数字化发展水平进入世界前列，数字中国建设取得重大成就。

自然资源部门的电子政务建设是数字中国建设的基础支撑。在数字中国、智慧社会建设层面，党和国家对新时期自然资源管理和信息化工作提出了更高要求。围绕新时期自然资源部门着力提升自然资源治理体系和治理能力现代化水平这一根本任务，结合数字中国建设对加强各级政府部门信息化工作一体化、整体化建设的相关要求，从数据赋能自然资源现代化治理角度出发，加强自然资源电子政务一体化建设相关问题研究，推动自然资源部门科技应用创新，以信息化推动自然资源保护和治理体系建设，对于自然资源管理尽快形成"横向打通、纵向贯通、协调有力"的现代化、一体化管理格局，具有重要意义。

二、研究价值

（一）有利于践行"两山"理念保护全域自然资源

加快生态文明制度建设是推进可持续发展的必然要求，事关中华民族永续发展。自然资源作为国家发展之基、生态之源、民生之本，在经济社会发展和生态文明建设中承担着重要的支撑作用。自然资源部门统一行使全民所有土地、矿产、森林、草原、湿地、水、海洋等自然资源资产所有者职责，统一行使国土空间用途管制和生态保护修复职责（简称"两统一"职责）。国土是生态文明建设的空间载体，各级自然资源部门既是保障自然资源合理合法开发利用的管理主体，也是推进生态文明建设的主力军。

"绿水青山既是自然财富、生态财富，又是社会财富、经济财富"。自然资源合理开发利用、自然资源的现代化管理，必须牢固树立和践行"绿水青山就是金山银山"的新发展理念（简称"两山"理念），实行最严格的源头保护制度、环境治理和生态修复制度。以数字技术为抓手，加强自然资源电子政务一体化能力建设，推进自然资源管理和技术创新，将"山水林田湖草沙"生命共同体作为统一对象，以数字赋能各类自然资源的统一管理、统一保护和统一修复，促进数字技术和生态文明建设一体化融合发展，具有重要意义。

（二）有利于促使自然资源赋能数字经济高质量发展

人口多、资源少是我国在环境与发展方面面临的基本国情，有效保障资源供给，是数字经济高质量发展的基本前提和基础。区域协调发展、新型城镇化和乡村振兴等国家重大战略实施，不仅需要持续优化国土空间布局，推进自然资源的集约利用，也需要自然资源管理部门有力保障用地供给，为社会经济可持续发展提供自然资源资产管理和服务支撑。围绕自然资源高质高效管理这一目标，新时期数字经济高质量发展对自然资源要素保障和资源开发利用能力建设提出了更高标准和要求。

自然资源信息化是促进自然资源管理科学化、制度化、智慧化的重要途径。围绕营商环境优化和赋能数字经济高质量发展要求，自然资源部门需要不断创新服务方式，通过数字赋能促进营商环境建设提速。作为推动要素保障和资源开发利用的重要抓手，自然资源管理数字化转型是推动营商环境建设和推进社会经济高质量发展的重要组成部分。随着数字经济时代的到来，海量的自然资源数据已经成为新的生产要素。政府部门、企事业单位和社会公众对包括测绘地理信息成果在内的各类自然资源数据的需求日益旺盛。为确保高质量发展提供充分的数据要素保障，需要各级自然资源部门持续加强信息化能力建设，不断提升企业和群众的获得感和满意度。

■（三）有利于推进国家治理体系和治理能力现代化

中共十九届四中全会审议通过了《中共中央关于坚持和完善中国特色社会主义制度 推进国家治理体系和治理能力现代化若干重大问题的决定》，明确提出，到 2035 年"基本实现国家治理体系和治理能力现代化"，到新中国成立一百年时"全面实现国家治理体系和治理能力现代化"的目标。国家治理体系和治理能力现代化建设，迫切需要政府部门加强数据汇聚融合、共享开放和开发利用，加快推进数字政务制度规则创新，落实政务数据高效共享和政务高质协同，形成标准统一、布局合理、管理协同、安全可靠的数字治理新格局。

国家治理体系建设包括经济治理、社会治理、生态治理、文化治理和政治治理等各个领域，涵盖资源系统治理和生态环境治理等内容。社会、经济和资源、生态各子系统之间的复杂关联性，也使得社会治理和经济治理等系统对自然资源治理提出了迫切需求。以自然资源电子政务一体化建设为抓手，加强自然资源管理科技创新能力建设，创新自然资源治理理念和方式，创新自然资源监管制度体系，推进形成自然资源数字治理新格局，是新时期推进自然资源治理体系和治理能力现代化的必然要求。

第二节　相关理论基础

一、政府流程再造理论

建立在"层级官僚制理论""劳动分工理论""科学管理理论"基础上的传统型政府随着实践的进行暴露出诸多的不足，比如，机构组织过于分散、部门之间联动能力不强、信息沟通和交流存在制约因素等，阻碍了电子政务建设的健康发展。1993 年，哈默和钱皮合著的《改革公司：企业革命的宣言书》中首次明确提出"企业业务流程再造"（BPR），在书中他们将 BPR 定义为从根本上对组织的业务流程重新进行思考和彻底性的再设计，以构建能让企业对外部环境变化做出灵活反应的管理机制和组织结构。

政府流程再造不是对业务流程再造理论的简单模仿和移植，而是该理论在政府机构改革过程中所依托理论的延伸和拓展。现代西方国家行政改革相关理论认为，以科层制为特征的政府部门在结构特征方面往往容易出现机构臃肿、业务流程复杂以及部门职能重叠交叉等问题，有必要通过业务流程再造对既有的政务部门业务流程进行优化，以提高政府部门的工作绩效，提升政府部门对企业和社会的服务质量，并降低行政成本。这一举措不仅有助于解决传统政府流程中的固有弊端，也为电子政务的可持续发展提供了新的动力和路径。

政府流程再造（GPR）是指以"公共需求"为核心，以"公共服务"为导向，对政府部门现有的组织机构、业务流程进行彻底的更新和设计，通过整合资源、信息共享一体化管理机制，促进政府内部各部门的有机联系和互动，以适应政府部门外部环境的变化。量化政府的行政成本、公共物品与支出、效能与效率，打破传统政府管理方式与层级界限，实现政府工作流程向动态、集成的方向转变，推动政府信息化建设朝现代电子政务的方向发展。

既有的企业流程再造研究成果为政府流程再造的实施提供了有益的实践经验和管理启示。例如，Varun 等通过对 105 家公司有关 BPR 涉及的组织管理、人力资源、技术因素等层面的影响因素进行问卷调查分析后认为：① 组织高层支持是 BPR 工程的关键因素，即组织管理层必须认识到 BPR 的必要性和重要性，BPR 必须取得高层支持；② BPR 的实施本身也是一项工程，不仅需要做好顶层设计和前期规划工作，也要综合考虑到技术能力、人为因素以及经费方面的影响；③ 良好的项目管理、对既有业务的深刻理解、基于逻辑示意图的业务流程分析和精准描述等因素有助于提高 BPR 的成功率。Nousias 等认为，传统的 BPR 存在粒度变化、命名不一致、主观多义词和缺乏正式的概念化方法等问题，为了最大限度地发挥 BPR 的优势，有必要将业务生命周期的理论嵌入到业务流程管理逻辑示意图中并实现概念化。Ahadi 等则认为 BPR 的成功实施不仅与高层支持密切相关，需要占用大量的组织资源，其他因素，如组织文化、业务场景变化情景下组织领导力强弱、合作伙伴等利益相关方的积极参与也发挥着重要作用。

自然资源电子政务一体化建设对自然资源业务流程再造提出了迫切要求。过去 10 余年分散于各业务部门、由不同层级用户使用的众多业务系统在设计、开发、使用方面各具独立性。需要注意到，"山水林田湖草沙"是生命共同体，纷繁复杂的自然资源业务系统背后是业务逻辑的紧密关联。鉴于自然资源业务种类繁多、环节复杂、涉及部门广泛，必须通过电子政务一体化建设来梳理各项业务，构建完整的自然资源业务体系，为全局业务的贯通与业务数据一体化建设打下坚实基础。自然资源电子政务一体化建设需要自然资源管理部门不断优化流程规模，加强跨部门业务流程的衔接，并简化流程复杂度，以打破数据共享壁垒。从全生命周期管理和业务全流程的角度出发，推进政务协同与工作流的整合，是提升自然资源部门工作效率的重要途径。

二、整体性治理理论

希克斯等在《整体政府》《圆桌中的治理——构建整体政府的策略》《迈向整体性治理：新的改革议程》中将整体性治理理论的发展划分为三个阶段，这三个阶段是希克斯对整体性治理理论的建构和解析的深入过程，体现其治理模式的各个组成部分。整体性治理理论的出现，无论是从政府内部流程再造视角，还是从"国家-政府-社会"关系重塑的视角来看，其对政府治理理念和体制机制的创新都具有深远的影响。

整体性治理理论是在反思和弥合新公共管理理论影响下政府部门化、碎片化过程中产生的理论创新。该理论强调以公民需求和结果为导向，注重对公共部门提供服务中碎片化等问题的预防和治理。其所关注的问题包括如何协调不同政府部门之间的层级关系、如何协调不同利益相关者如公私部门之间的关系，并从整体性视角对这些关系进行协调整合等。此外，针对大多数公共部门在数字转型时代面临的共性问题，整体性治理理论指出，部门条块分割出现的信息系统碎片化等问题将导致不同层级的政府公共部门之间可能出现信息难以联通或难以共享等问题，需要从整体性治理视角出发，为公民提供无缝隙的一体化服务。即通过顶层设计，加强跨部门协作以构建一体化的协同运作机制，提高公共部门服务绩效。

随着新兴信息技术的迅速进步，整体性治理理论更加关注如何借助信息技术创新以突破部门间的数据、业务和信息壁垒。其核心目标在于解决因功能分散导致的政府治理"碎片化、复杂化、原子化"现象。针对数字公共治理面临的问题，诸多学者均认同协同和整体价值理念在推动政府公共部门数字化转型过程中的重要价值和意义。数字政府建设必然会面临诸多体制机制方面的障碍。与新公共管理理论强调现代信息技术工具性方面的作用和功能有所不同，整体性治理理论更加侧重和倡导数字技术与政府治理体系的深层次融合。这种融合不仅关注技术和形式上的统一，更追求在规制层面上的协调，以构建更为和谐、高效的政府治理和服务体系。

三、技术创新扩散理论

创新扩散理论是罗杰斯在《创新的扩散》一书中提出的，是传播效果研究的经典理论之一，是通过媒介劝服人们接受新观念、新事物、新产品的理论。该理论认为，创新是"被个人或其他采用单位视为新的想法、实践或对象"，扩散是"随着时间的推移，创新通过某些渠道在社会系统成员之间传播的过程"，与人际传播和大众传播密不可分。

创新扩散的过程可以分为认知、说服、决策、实施、确认五个阶段。不同阶段有不同的创新采用者。在认知阶段，个体意识到创新，了解到某项创新的存在并对其功能有所认识。在说服阶段，个人对创新形成赞成或不赞成的态度。在决策阶段，个人对创新做出采纳或者拒绝的选择。在实施阶段，个人在行为上做出改变，将创新付诸使用，也包括对创新的修改。在确认阶段，个人对已完成的创新决策做进一步证实或改变之前的决定。

创新扩散理论阐明了新思想和技术如何、为何以及在何种程度上在人们中传播。在创新扩散中，大众传播被认为是最快速、最有效的方式，因为其可以将信息广泛传播给受众。而人际传播则具有双向性和反馈性，可以在说服阶段对改变个体观念起作用。在社会技术系统传播过程中，借助特定的传播渠道，创新因素将在整个社会中扩散。创新因素具有相容性、相对优势、可试验性、复杂性、可观察性五个特征。因而，从创新扩散视角来看，一项社会技术系统，若符合创新扩散理论所界定和要求的创新特征，其创新扩散进程将更为快速，从而有利于公共部门、企业等工作绩效的提高。

第三节　自然资源电子政务发展沿革

一、自然资源电子政务建设与发展背景概述

电子政务是在全球数字化、国家信息化等概念基础上针对政府信息化和数字政府建设发展而提出的。作为国家信息化的重要组成部分，自然资源电子政务相关概念提出可以追溯到20世纪末我国政府提出的"政府上网工程"，并与20世纪90年代全球两大信息技术变革密切相关：一是20世纪90年代初美国政府提出的信息高速公路建设；二是20世纪90年代中后期美国提出的"数字地球"相关概念。

20世纪下半叶，是现代数字计算机技术蓬勃发展时期。从世界上第一台现代电子计算机于1946年在美国宾夕法尼大学研制成功，到美国国防部于1969年开发了因特网的前身阿帕网实现了两台计算机远距离的通信传输，再到1970年埃德加考特提出关系数据库理论，以及1976年全球第一条高速光纤的建立、1982年微软操作系统和PC机的出现以及1989年万维网的出现，彼时支撑全球互联网发展所需的计算机和网络等相关软硬件技术体系已经基本形成。不过，囿于国家信息基础设施仍然薄弱、网络规模有限、计算机性能有待提高且价格较高等制约因素，信息技术创新向社会系统扩散有限，阻碍了信息技术创新对人类福祉在更大规模和更大范围的实现。

为了更好地推动后来被学术界称为"数字经济"的社会经济可持续发展，美国政府于1992年提出了信息高速公路（ISHW）计划。该计划提出，用20年时间，耗资2000亿～4000亿美元，建设美国国家信息基础结构（NII）。ISHW计划寄托了人们对信息高速公路建设可能带来的社会经济高速发展的极大期待。倡议者认为，ISHW建设将快速改变人们的生产与生活方式，并产生比工业革命更为深刻的影响。ISHW计划的提出，迅速在全球掀起了信息化建设浪潮，不仅引起其他西方发达国家高度关注和重视，亚洲、非洲等的发展中国家也纷纷跟进。全球许多国家制定了国家信息基础设施建设和信息化产业发展规划。ISHW计划的提出，极大地推动了全球互联网发展。

二、我国政府信息化和电子政务发展概述

我国政府信息化和电子政务建设起步于20世纪80年代，并与全球信息化发展趋势紧密相连。改革开放以来，以计算机和互联网为代表的各项信息技术在政府部门得到大力推广和应用。1983年，国家计委成立信息管理办公室，1986年，国务院批准建设国家经济信息系统并组建国家经济信息中心（于1988年更名为国家信息中心）。国家信息中心的成立，标志着我国政府部门信息系统的规划和建设逐步走上了正轨。围绕国家信息化建设和发展规划，总体方案、法律法规和标准化等研究工作得到重视。与此同时，各级地方政府及有关部门也相继成立了信息中心，政府信息化建设的工作体制机制逐步建立，各级政府部门的信息化技术人才队伍建设不断加强，为20世纪90年代我国电子政务建设与快速发展奠定了基础。

为适应全球信息高速公路建设潮流，1993年，我国成立了国家经济信息化联席会议，随后成立国家信息化专家组为国家信息化建设提供建议和咨询。以"三金"（"金卡""金桥""金关"）工程等重大信息化工程启动为标志，我国国民经济信息化的序幕正式拉开。1996年1月，国务院成立了由20多个部委组成的国务院信息化工作领导小组，负责全国信息化工作的组织协调。

21世纪以来，为适应信息化发展形势的需求，中共中央、国务院于2001年8月组建国家信息化领导小组，成立了国务院信息化工作办公室（简称"国信办"），以加强国家对信息化建设工作的统一领导。在国信办的领导下，我国电子政务建设进入了飞速发展的十年，突出表现为"两网一站四库十二金"工程的快速推进。其中，"两网"指政务内网和政务外网。"一站"指中央、省（自治区、直辖市）、市、县各级政府部门政府门户网站建设，"四库"指人口、法人、空间地理和自然资源、宏观经济四大基础数据库建设，在政务外网建设方面，2006年1月1日中国政府网正式开通标志着政府网站建设进入了发展快车道，政府信息公开、办事流程在线查询和政民互动等功能在政府网站上得到实现。金关、金税、金财、金融监督（含金卡）、金农、金盾、金质和金水等"十二金"先后启动。从20世纪90年代"三金"工程启动，经过多年发展，包括国土（自然）资源电子政务在内的我国电子政务建设与发展取得了巨大成就。

三、自然资源电子政务发展阶段划分

自然资源电子政务相关建设工作在自然资源部组建以前，由原国土资源部承担。国土资源电子政务的全面建设始自2004年1月国家提出的"金土工程"。作为国土资源管理部门适应信息社会变革、推进履职手段变革和创新的重要抓手，国土资源电子政务发展的成熟度决定了国土资源监管、政务管理、社会服务、国土资源管理服务社会经济发展等能力和水平。总体来看，如果以国家"金土工程"的提出作为国土资源电子政务加速发展和变革的标志，自然资源（国土）电子政务建设与发展可以大致划分为渗透嵌入、加速发展、深度推进和融合创新四个阶段。

（一）渗透嵌入（2006—2010年）：国土资源政务服务网络化

2006年6月，国家发改委正式批复"金土工程"一期建设项目。国土资源部结合当时形势，就《国土资源信息化"十一五"规划》提出了"金土工程"建设的目标，明确了"金土工程"建设的重点任务和相互之间的关系。规划中首次提出要初步形成"天上看、地上查、网上管"的国土资源管理信息化运行体系。在组织保障和体制机制建设层面，为加强"金土工程"的组织领导，国土资源部提出组建"金土工程"办公室，并与国土资源部信息化工作办公室合署办公，以推进将国土资源部信息化工作办公室的各项事务落到实处。

"金土工程"一期项目正式实施，大大加快了国土资源部门信息化建设进程，推动了国土资源部门数据库建设和软硬件系统的加速改造，国土资源信息采集和处理自动化、数字化能力大大提升。以遥感（RS）、地理信息系统（GIS）和全球

定位系统（GPS）为代表的空间对地观测技术"3S"集成和相关装备广泛应用于土地资源、地质资源、矿产资源、地质环境和灾害管理业务领域。在"3S"技术支持下，国家、省（自治区、直辖市）、市三级国土资源数据中心体系日益完善，并积累了丰富的数据资源。

在行政办公自动化方面，随着"政府上网工程"和"金土工程"一期建设项目的不断深入，在国土资源业务专网内，以数字化技术手段实现公文流转、业务审批、综合统计等业务活动开展得到推广，国土资源部门的行政办公、行政审批等各项业务逐步进入自动化和无纸化办公时代，利用互联网开展信息公示、政务信息公开等做法得到推行，国土资源门户网站体系初步建成。国土资源政务信息系统的提档升级，大大提高了国土资源系统行政办公水平。各级国土资源部门门户网站建设，推动国土资源部门电子政务外网业务系统建设进入发展快车道。

（二）加速发展（2011—2015年）：网上联运政务系统平台化

"十二五"期间是国土资源部门信息化建设迈向新台阶的重要阶段。《国土资源信息化"十二五"规划》明确提出要构建国土资源管理决策与综合监管技术支撑体系。在信息化基础设施方面，全国四级国土资源网络系统基本实现互联互通。从这一时期开始，信息技术创新在国土资源领域的应用得到国土资源部门领导高度重视。特别是以空间对地观测为代表的技术创新在国土资源部门的广泛应用，提高了国土资源调查监测装备水平，完善了国土资源调查监测和评价技术体系，大大提高了国土资源调查和动态监测的能力，推动了国土资源调查监测工作模式由阶段性向常态化的根本转变。

在电子政务内网业务建设层面，在"十二五"期间，行政办公、行政审批、综合事务等全业务系统以及国土资源电子政务平台的建设，打破了电子政务建设早期发展阶段国土资源业务系统和网站信息服务系统各自为政的建设模式，推动了国土资源信息化工作朝跨部门综合协同办公的网络化运行方向发展。地政、矿政等业务在国土资源电子政务平台深化应用，推动了国土资源部门行政办公和业务事项审批的网络化运行。图数联动功能的实现，提高了国土资源空间数据、资源调查监测数据与电子政务审批之间的地理空间数据和属性数据的一体化处理能力。得益于国土资源电子政务服务平台的升级优化，国土资源管理数字化、网络化、智能化水平不断提高。

借助相对齐全的电子政务平台，国土资源综合监管平台建设得到进一步发展。运用信息化技术手段，国土资源部门加强了执法监察和土地督察等相关系统的建设，自然资源开发利用业务信息化建设和动态监管能力得以加强，地质环境信息服务和自然灾害应急处置能力得到大大提升。此外，阳光行政、网上交易、阳光服务、政务信息公开等外网业务内容建设不断完善，提高了国土资源电子政务服务利民化、便民化程度。在土地资源、矿产资源以及地质灾害管理领域，集"全域覆盖、全程监管、科技支撑、执法监督、社会监督"于一体的综合监管体系逐步形成，国土资源综合监管平台一体化能力得到大大提升。

■（三）深度推进（2016—2020年）：内外政务服务联动一体化

实施网络强国战略、国家大数据战略和"互联网+"行动计划是这一时期国土（自然）资源部门推进信息化建设工作的重要部署。为贯彻落实《国家信息化发展战略纲要》，2016年11月，国土资源部（于2018年更名为"自然资源部"）制定了《国土资源信息化"十三五"规划》。规划明确提出，国土资源信息化要构建以"国土资源云"为核心的信息技术体系，建立全覆盖全天候的国土资源调查监测及监管体系，构筑基于大数据和"互联网+"的国土资源管理决策与服务体系等。云计算、大数据、物联网等技术兴起，推动了国土（自然）资源"一张图"中的相关数据库与应用系统向国土（自然）资源云迁移，在国土（自然）资源内部，新的平台和架构不断涌现。

此外，在自然资源电子政务外网建设方面，按照全国在线政务一体化建设提出的转变政府职能、深化简政放权、创新监管方式和优化政务服务等相关要求，各级自然资源部门也把推进"互联网+政务服务"作为这一阶段的关键任务，以推动自然资源政务服务从政府供给导向朝群众需求导向转变。自然资源在线政务一体化服务平台建设是这个阶段的自然资源电子政务建设的工作重心。

■（四）融合创新（2021年至今）：推动自然资源治理迈向现代化

自然资源信息化是国家信息化的重要组成部分，落实国家信息化发展战略，必然对自然资源信息化工作提出新的要求。针对这一时期自然资源信息化的工作重心和方向，《"十四五"国家信息化规划》指出，要加强国土空间的实时感知、智能规划和智能监管，强化综合监管、分析预测、宏观决策的智能化应用。

当前，以信息化推进国家治理体系和治理能力现代化正进入深化巩固期，以美丽中国建设全面推进人与自然和谐共生的现代化进入新阶段。聚焦履行自然资源"两统一"职责使命，按照系统观念，加强移动网、物联网、业务网、互联网业务应用方面的深度融合，创新智能技术应用，对内提升自然资源管理履职能力、数字赋能自然资源管理和国土空间治理能力，对外服务数字经济、数字社会建设，支撑构建美丽中国数字化治理体系，是自然资源电子政务建设在新时期的主要任务和根本遵循。

第四节 自然资源电子政务建设成效

自2006年"金土工程"启动以来，经过多年的建设，自然资源系统的信息化建设取得了丰硕的成果，在硬件及网络支撑系统、数据资源建设和共享、应用系统和平台开发、系统软件服务方面取得了很大进展。

一、硬件及网络支撑系统已初具规模

自然资源部门信息化网络类型主要包括自然资源业务网、电子政务网、互联网，这些不同类型的网络支撑着自然资源部门不同业务系统的运行。例如，自然资源业务网主要承载了自然资源部门地政、矿政、地质环境管理等业务的核心应用系统、行政审批系统、办公系统、视频会议系统等，而互联网主要是服务于门户网站建设和政务信息公开功能等。当前，部、省（自治区、直辖市）、市、县等各级自然资源管理部门间已经实现了互联互通，各级自然资源部门已经建设了较为完善的硬件及网络基础。

自然资源业务网、电子政务网、互联网一体化建设取得了明显成效，夯实了自然资源"一张网"的建设基础。自然资源"一张网"的建成，为自然资源各部门的业务联动和信息共享提供了网络通信设施基础，为各级自然资源部门提供了安全、优质的计算资源和存储资源，有力地保障了自然资源部门各项业务活动的顺利进行。随着政务内网业务信息系统上云工作的推进，自然资源"一张网"集约化程度不断提高，服务于电子政务外网的网络基础设施服务能力不断增强。

二、自然资源大数据体系建设初步形成

经过多年的信息化建设沉淀，通过全国国土调查、基础测绘、地理国情监测、国土空间规划、矿政管理和不动产登记等重大专项投入，自然资源部门已积聚了大量的自然资源专题数据，建立了种类齐全、体量庞大的数据资源目录体系，涵盖土地、矿产、测绘地理信息、地质环境和地质灾害等业务领域，在馆藏地质资料建设方面亦取得积极进展。当前，为提高数据共享水平以充分发挥数据对业务的支撑作用，包括自然资源规划、管理及社会经济等在内的各类数据正向数据中心汇聚。原有各单位应用系统独立建设数据库的模式正在被摒弃，由数据中心统一提供存储和应用服务的模式已经成为自然资源数据建设的主要发展方

向。此外，针对历史遗留的数据质量问题，数据梳理工作正在进行，数据标准建设不断完善，自然资源三维立体自然资源时空"一张图"正稳步推进。

当前，自然资源数据仍在不断快速增长。遥感、无人机平台、地面观测站点的智能感知设备等新型基础设施，正为自然资源部门源源不断地提供丰富的数据源。伴随着机构改革的深入推进，原分散在基础测绘、海洋等部门的测绘基础类、海洋管理类数据资源也以不同的形式和方式在自然资源系统内部汇聚和共享。此外，各类位置信息的爆发式增长，如手机信令数据、自动驾驶采集的仿真数据、导航数据、基于位置的服务（LBS）数据、路测数据、用电量数据、用电分布数据、商品价格数据、视频数据和社交媒体数据等，也正通过不同途径，以不同的形式汇入自然资源"一张图"的数据体系建设，自然资源大数据体系建设已经具备了良好的数据基础。

三、数据共享和开放能力显著增强

自然资源的信息共享，既包括部门内部的信息共享，也包括跨部门、跨层级的信息共享。以自然资源大数据中心为核心的数据资源建设模式，通过完善数据共享标准和规范建设，提高了数据共享效率，降低了数据处理成本，为自然资源数据要素的汇聚、流动、共享和处理提供了有力支撑。

在电子政务外网业务系统建设方面，全国在线政务一体化建设对自然资源政务服务平台规范化、标准化、集约化建设和互联互通的基本要求，推进了自然资源政务服务线上线下融合互通及跨地区、跨部门、跨层级协同办理，促进了各级自然资源部门与地方政务资源共享平台对接改造工作。在数据库建设方面，自然资源业务专网内有关矿业权审批流程、地质灾害治理资质管理等一系列数据库建设得到完善。在业务专网信息系统建设方面，新增建设用地报批、土地征收、农用地转用审批、耕地占补平衡审查、征地信息公开平台等系统相关功能不断得到优化，自然资源部门内网业务系统建设与地方电子政务平台的对接能力不断加强。

四、电子政务应用形式日趋丰富

自然资源电子政务服务的对象主要包括政府部门内部的工作人员（G2G 模式）、企事业单位（G2B 模式）和社会公众（G2C 模式）。自然资源电子政务系统建设主要包括业务专网的应用和互联网平台的应用。业务专网的应用可划分为行政办公系统如行政审批系统、电子公文系统、邮件系统、会议系统以及各部门专用或专业的业务系统等，这些系统的主要用户为自然资源内部工作人员。基于互联网的应用，主要包括信息公开、电子公告板、社会信息服务、在线政务等，其服务对象主要是企业和社会公众。经过多年建设、升级与迭代，自然资源业务专网内业务系统建设水平已经得到很大提高，流程关联性建设得到大大加强，各级自然资源行政办公和行政审批的一体化建设能力得到提升。

伴随着云计算与移动计算的快速发展，自然资源电子政务服务内容和服务方式更加多样化。在服务模式方面，契合移动互联网的发展趋势，各级自然资源部门"互联网＋政务服务"能力不断加强，以流程再造、数据共享为核心，自然资源管理体制机制改革取得了良好的成效。当前，自然资源电子政务系统建设正从桌面办公系统向"掌上办公""掌上办事"等移动应用深入推进，"云网签""云上供地""土地超市"等新型服务方式不断出现。此外，为更好地满足社会各界对地理信息服务的需求，相关部门也为社会公众和企业以及其他政府部门提供了"一站式"地理信息服务支撑平台。以内外网业务系统一体化为导向的自然资源电子政务建设，提升了自然资源现代化治理的能力。

五、自然资源在线政务服务水平明显提升

自然资源在线政务系统的建设需要依托全国在线政务一体化平台开展。《数字中国发展报告（2022年）》显示，当前，全国各地云基础设施基本建成。从全国范围来看，国家电子政务外网建设已经实现了省（自治区、直辖市）、市、县全覆盖，乡镇覆盖率达96.1%。全国省（自治区、直辖市）级、市级和县级的政务数据共享交换体系已经建成。在线政务一体化平台的建设，为自然资源在线政务服务能力的提升奠定了坚实的基础。

自然资源在线政务建设是全国一体化在线政务建设的重要组成部分。当前，在自然资源系统内部，从国家到县级四级统一的国家空间规划"一张图"实施监督系统已经基本建成。依托地方政府数字政府建设平台，各级自然资源部门已基本实现了政策所规定的服务事项向全国在线一体化服务平台的迁移和整合。依托由政务服务大厅的窗口、办事一体机、桌面/手机移动端应用构成的政务服务"一张网"，自然资源在线政务服务质量明显提升。自然资源电子政务建设内外网一体化建设，提高了自然资源部门的行政效能，有力推动自然资源在线政务服务向跨区域、跨部门、跨层级的整体化服务发展阶段迈进。

六、安全管理体系建设稳步推进

国家数据安全法、个人信息保护法等法律法规对自然资源电子政务安全提出了明确的要求，在政务信息安全方面，网络安全管理、数据分级分类、安全审查

制度建设等各项工作受到各级自然资源部门的高度重视。自然资源电子政务建设主要由物理隔离的自然资源内、外网两大运行体系构成。在基础设施运行方面，各级自然资源部门从管理上制定了系统软件故障的排查维护方案和通信线路故障维修服务及措施，自然资源电子政务外网和业务网的安全防护措施得到进一步加强，国产化安全产品应用得到推进。在数据的基础共性、关键技术、安全管理、重点领域等方面，按照数据安全体系建设要求，建立了网络安全等级保护制度、网络定级备案和等级测评制度，在物理、网络、主机、应用、数据等层面，针对密码应用建立了相关管理办法和相关标准体系，网络安全等级保护核心体系建设不断完善。

第二章

自然资源电子政务一体化建设问题与需求分析

21世纪以来，经过20多年的建设发展，无论是政府部门间的电子化交流，还是政府部门为企业和公民提供电子化服务等方面，自然资源电子政务建设均取得了长足的进步。从"十二五"期间国土资源部提出自然资源综合监管平台一体化能力建设，到"十三五"期间国家提出全国在线政务一体化平台建设，自然资源"互联网＋政务服务"能力得到大大加强，持续推动自然资源电子政务一体化建设始终是原国土资源部门或现自然资源部门信息化的工作思路和方向。不过，自然资源电子政务建设一体化包含哪些内涵，围绕自然资源电子政务一体化建设相关要求，当前自然资源电子政务一体化建设究竟还存在哪些不足和问题，探讨尚需深入。

本章从国内外相关学者有关电子政务一体化建设的研究出发，结合当前全国在线政务一体化建设实际，对自然资源电子政务一体化建设可能涉及的概念和建设内容进行了分析和梳理，以期深化对自然资源电子政务一体化建设的理解，并分析当前自然资源电子政务一体化建设存在的问题与需求，以期为当前制约自然资源电子政务一体化建设相关问题的解决提供依据。

第一节 自然资源电子政务一体化建设的内涵分析

一、自然资源电子政务一体化建设的不同理解

自然资源电子政务一体化建设涉及的内容体系和应用部门非常复杂，涉及省

（自治区、直辖市）、市、县不同层次，横跨地质、矿产、土地、测绘、地质环境等不同业务部门。囿于部门条块分割的影响，自然资源电子政务建设呈现出分散建设特征。例如，在电子政务建设发展早期，国土资源部门信息化主要以各级业务部门的资料数字化和业务信息化为主，如国土空间规划、耕地保护、基本农田等业务系统的建设。随着国家电子政务建设工程的不断深入推进，在政府部门内部，传统以业务部门为主体来开展业务信息系统建设的模式，其弊端逐渐显现，难以满足自然资源跨部门和业务协同管理需要，自然资源电子政务建设对顶层设计提出了要求。

加强自然资源电子政务顶层设计是开展电子政务一体化建设的前提和基础。自然资源电子政务建设涉及的各项业务复杂，层级和部门众多，业务关系复杂，数据种类繁多，究竟从哪些层面深入推动一体化工作，不同的学者认识和理解不同。

仅从字面意义而言，一体化是指将多个独立的事物或个体整合为一个整体，实现统一、协调的状态。因而，字面意义更多的是强调部分和整体之间的关系。从这个意义出发，具体到信息系统建设领域，电子政务一体化工作就是要改变部门各自为政的不利局面，需要将分散于各个部门或独立的信息系统或功能融合为一个整体，使其形成紧密联系、相互配合、互相促进的状态。这种融合，体现在不同层次，可以是思想、组织、管理方面的融合，也可以是系统功能、数据层面、业务功能或人机交互的一体化操作层面的融合等。

在信息化领域，已经有不少学者关注到一体化工作的重要性。例如，有学者指出，一体化工作可以降低协调成本，提高工作效率，并提高用户工作的便利性。但不同的学者对于电子政务建设中的"一体化"认识不同，总体来看，关于自然资源电子政务一体化建设模式，既有的学者大多从数据组织和建设一体化、系统建设一体化、业务建设一体化、信息服务一体化等层面进行了探讨。

■ （一）数据组织管理层面的理解

自然资源数据类型众多，包括文字、图像、声音、视频、实景三维和仿真模拟数据等。自然资源信息化，首先需要考虑如何对上述不同类型的数据按照统一的标准和规范进行一体化的组织和管理。与诸多信息系统中的实体不同，自然资源信息化所存储和管理的实体，如"山水林田湖草沙"等事物，明显具有地理空间位置特征，因而，地理空间数据是自然资源部门有别于其他政府部门和行业管理、较为特殊的一种数据类型。在业务数据处理中经常需要考虑地理空间数据和其他数据类型的融合和一体化管理。

自然资源各类数据在客观事物抽象和数据表达上又可以分为地理空间数据和属性数据两种形式。从数据组织管理视角来看，需要对这两种数据形式进行一体化的管理，并进行数据内部关联。比如，在行政审批和行政办公业务系统建设中，自然资源部门提出的"带图审批"功能，属于不同数据类型组织管理一体化的典型。针对不同类型的地理空间数据，还需对它们进行地理位置配准，以确保不同的地理空间数据具有共同的空间参考系。

大多数自然资源业务系统建设，如国土空间规划、地籍管理、不动产登记、矿业权登记等系统建设，对地理空间数据和属性数据均提出一体化处理的相关要求。自然资源数据类型包括业务分析和决策支持，既需要对以文字为主的属性特征和业务信息进行管理，也需要对各类数据进行空间位置的关联分析处理，以实现矢量、栅格、文字、视频等数据的统一存储和组织管理。

■ （二）业务全生命周期视角的理解

自然资源业务具有全生命周期特征，这种特征与对资源的开发利用活动紧密关联。资源开发利用是一个复杂的过程，涉及不同部门的管理活动。以土地开发利用活动为例，涉及国土调查、规划、用途管制、土地征收征用、耕地保护、生态修复等业务活动过程；重点工程项目因建设需要提出的用地需求，需要向主管部门提出申请，自然资源管理部门承担着土地审批、土地供应、土地整治、土地执法、土地登记、矿业权审批等管理任务。针对具体的自然资源管理对象，如土地资源、矿产资源等，自然资源管理对象所对应的业务活动状态，从某一对象有目的的管理活动发起到消失，具有全生命周期的特征。

针对土地资源全生命周期管理模式的构建，喻存国、王孝强、宋韦剑认为，土地作为地政业务管理的客体，经过全国多次的土地调查和国土资源"一张图"工程建设，单个业务、单个部门的管理模式已经难以满足实际需要，如何在时间、空间上贯穿业务流程信息，将所有土地管理业务纳入统一的平台，是充分利用土地调查成果的关键，也是构建"一张图"工程的基础。

蔡先娈、李钢、尹鹏程等认为，自然资源管理具有全生命周期特征，其中，国土规划活动的发起，可以视作全生命周期管理的开端和缘起，并划分了土地调查、用地预审、土地征收、土地储备、市场交易、土地供应、土地登记、土地利用、执法监察等全生命周期环节。以此为基础，他们提出要从土地全要素和业务地块间的逻辑规则着手，构建土地管理业务全要素生命周期模型，以实现土地管理业务全要素信息的集成整合，从而为地理信息与地政业务审批的一体化整合提供有效支撑。

自然资源业务全生命周期特征不仅体现在不同业务部门之间的业务流转上，也体现在某一部门某一业务的不同阶段流转上。例如，针对国土空间规划业务，有学者提出专项规划"成果审查—实施—监督"业务活动过程同样具有全生命周期特征。自然资源业务具有全生命周期特征不只体现在国土空间规划业务活动中，在矿产资源开发利用监管业务中也不鲜见。例如，周妍在针对矿山土地复垦监管业务的相关研究中发现，该监管业务也是以规划为基础的，从时序上可以划分为规划、计划、实施、验收四个环节，在上述四个环节基础上，还可进一步细分。

同一研究对象和同一研究问题在不同的生命周期其相关特征并不相同，也有学者提出需要从全生命周期视角开展对某一对象的具体研究。例如，针对矿山土地复垦监管指标设计和监管体系建设问题，周妍认为，矿山土地复垦工程建设，从复垦方案制定，到计划实施、竣工验收，周期长，监管涉及的环节和对象较多，业务流程复杂，需从全生命周期视角，结合过程管理相关方法，构建面向全生命周期管理的矿山土地复垦监管指标，以实现对矿山土地复垦的全生命周期监管。

针对当前不同业务信息系统间的数据共享和缺乏关联问题，有学者从全生命周期视角来理解自然资源部门不同业务系统之间的联系，以提高跨部门的业务数据共享协同支撑各项政务活动的能力。例如，就当前用地业务体系之间尚未完全贯通、业务流程还需进一步优化、用地业务协同性不足等问题，贾春霞、姚玉全、寻知锋等根据近年来地政业务管理"一码管地"发展实际，提出将建设项目"一码关联"作为切入点，以"码"为唯一标识，通过关联不同业务阶段的空间图形，采用"资源码"串联起建设项目"规—审—用—供—建—验—登"等业务流程，来实现土地管理业务完整的数据链条。实践表明，通过在不同业务环节之间建立"码—码"关联，可以有效实现土地管理业务过程与成果数据的共享以及全流程的信息追溯，从而有效保障交地即发证、验收即发证等业务落实，推动营商环境建设的优化。

■（三）系统功能层面的理解

针对电子政务一体化建设的理解，也体现在系统功能层面建设上。这种理解，主要是从信息系统本身的技术特征出发，强调信息系统是由不同组成部分构成的复杂系统，不同组成部分之间未能实现很好的衔接关系。从信息系统的一般构成来看，信息系统建设所采用的体系架构往往具有分层特征，例如，从结构体系来看，自然资源电子政务建设涵盖了网络基础设施建设、数据体系建设、技术支撑体系、业务平台建设、系统服务方式等方面的建设内容，自然资源电子政务一体化建设，需要重视业务系统建设在网络基础设施、数据、技术体系等方面的一体化集成。

推进人机协同一体化也是自然资源电子政务建设需要关注的重点内容。技术创新扩散相关研究表明，信息技术创新在组织中的扩散过程，与系统特征、用户感知有用性、用户感知易用性、组织支持密切相关。已有的研究表明，信息系统工程的失败，往往与系统功能的技术实现、功能组合、界面设计以及表现形式有关，在功能结构组成方面，往往难以被用户接受。系统功能的设计，特别是业务衔接和操作功能设计方面，往往相互割裂，未能形成统一的整体。系统业务功能设计方面存在的不足，不仅给用户带来操作上的不便，也可能降低用户应用信息系统处理业务工作的效率。从人机交互关系视角出发，以推进人机交互协同为目标，电子政务系统建设需要在功能、人机交互界面和操作层面实现一体化集成。

就信息系统绩效而言，自然资源电子政务用户对系统的界面和功能设计提出了一体化的需求。例如，用户日常业务活动，往往需要通过使用多个应用系统的多个功能模块和各类界面元素来完成，以尽可能降低操作的步骤和复杂度。此外，鉴于组织系统的复杂性，某一用户的日常工作往往包含多个角色的任务，如在查阅邮件进行相关事务的处理的同时，又需要查阅会议和通知等信息以及处理行政审批业务。帮助用户在不同的平台方便快速地完成相关事务，在功能配置上，应将同一用户所需要使用的功能进行整合，如采用集单点登录、任务管理、邮件管理、日程管理、会议管理等操作功能于一体的界面设计模式来帮助用户减轻操作负担，通过界面元素的有机组合和一体化设计来实现用户日常事务的处理和管理等。

系统功能层面的设计还往往体现在系统界面或页面内容的显示上，实现二维、三维、动画、视频、动态数据和静态数据等不同类型数据的一体化展现等。例如，针对城市地区三维管线管理信息系统建设中传统商业软件在管线细节表达、数据加载效率、基础平台兼容等方面的不足，张金花、陈勇、吴思等提出以服务地下管线三维可视化管理为出发点，充分利用灵活、高效、开源的底层渲染引擎 OSG，从底层自主构建地上地下一体化管网信息可视化平台，实现地下管线数据与地面影像、地形、建筑物模型及实景三维数据的无缝集成、联动、高效加载及真实感渲染，为实现地下管线普查成果的即时交换、共建共享、动态更新，以及管线普查成果在政府管理、规划设计、应急抢险等领域的应用提供有效的技术支撑。

此外，也有学者认为，电子政务一体化建设还应包括为业务处理提供无所不在、随时随地的应用环境和信息服务。例如，移动互联网的出现改变了业务和办公的地理位置和空间概念。当前，移动终端应用已经广泛普及，原有以桌面系统应用为主的应用生态已经发生改变。针对移动设备应用的发展趋势，部分学者认为应该充分利用移动技术的优势，在系统功能设计和实现方面更多地采用移动互联网的技术架构和功能设计，以克服传统基于桌面的业务系统在应用过程中易受物理空间等环境因素方面的制约，帮助用户实现随时随地通过移动终端和可穿戴设备与社会公众、企业用户、合作伙伴、供应商、其他部门人员等进行业务信息交换。

(四)跨部门协同和数据共享层面的理解

自然资源业务事项错综复杂,涉及海洋、林业等多个部门。不同时期不同部门开发的系统众多,传统单个部门的信息化系统建设,其业务需求更多地局限在部门内部。因而,因网络环境、数据存储、管理方式和标准体系的差异,自然资源电子政务建设过程中的信息孤岛现象仍然存在。针对不同业务系统之间集成度不高、数据共享难、业务协同难等问题,需要通过构建基于模型和数据驱动的一体化协同平台,来实现自然资源数据和业务资产的统一管理。

自然资源电子政务建设仍然需要积极推动人工智能、大数据、物联网等各类信息技术的应用。深化电子政务一体化建设,仅仅依靠对原有系统的改造升级、系统功能模块的增补来提升自然资源数据和信息一体化服务能力,难以满足自然资源机构改革和信息化工作的要求。加强自然资源信息化建设规划和顶层设计,通过电子政务一体化建设,打破部门之间的行政管理边界,消除已往信息系统建设各自为政的现象,整合不同层级、不同业务部门内相对分散而独立的系统,需要在一体化平台上重新设计与研发覆盖自然资源全业务链条的数字化体系,以充分发挥系统的整体效能。

二、新时期自然资源电子政务一体化建设需求

当前,自然资源电子政务建设在统筹管理、数据管理、共享应用、标准规范、安全保障等方面还存在不足。从信息化建设视角来看,仍然需要在网络基础设施建设一体化、数据建设一体化、业务协同一体化、平台建设一体化、数据共享交换一体化、信息服务一体化、标准规范一体化、统筹管理一体化等方面来推进自然资源电子政务一体化建设。

(一)网络基础设施建设一体化

自然资源部门网络基础设施的互联互通是保障各项业务活动顺利开展的重要基础和工作前提,加强跨部门信息共享和联动,统筹网络基础设施和算力资源,强化部内互通、部省衔接、省市联通互联,形成"天-空-地-海-网"五位一体的互联互通格局,统筹推进网络建设和运行维护建设的一体化,是实现自然资源电子政务集约建设与高效利用的重要组成部分。

(二)数据建设一体化

自然资源数据是开展各项业务活动的基础。自然资源管理涉及的数据类型众

多，如自然资源调查与动态监测、土地利用规划、土地业务审批、土地登记、矿业权登记、耕地保护等，以及自然资源系统外部各种数据资源（如跨行业、跨部门产生的社会经济数据）等。通过对基础地理信息数据库、地（矿）政数据库、地质环境数据库的综合治理和整合，自然资源部门需要形成区域统筹、有效管控、合理分布的一体化自然资源数据服务体系，不断提升自然资源数据集成共享和综合开发利用。

自然资源数据建设一体化工作不仅体现在数据的存储、加工和组织管理上，也体现在数据采集、处理和使用等多个方面。在数据来源与获取方面，自然资源业务数据建设一体化，需要不断健全"天-空-地-海-网"一体化监测网络建设，通过发展自然资源调查和监测业务等方面的一体化综合能力，以实现自然资源综合监管"天上看、地上查、网上管"一体化模式。在数据加工方面，自然资源部门需要充分利用"3S"在调查数据处理的自动化、智能化及处理流程一体化等方面的技术优势，提高自然资源动态监测和调查工作效率。

自然资源数据建设一体化，也包括不同层级，如部、省（自治区、直辖市）、市等数据中心的一体化建设。自然资源数据中心建设工作原则上由各级自然资源管理部门按照法律和相关行政管理规定开展，但不同层级部门承担的责任和数据业务建设的侧重点并不相同。例如，省（自治区、直辖市）级自然资源管理部门主要负责所在省（自治区、直辖市）自然资源数据中心总体建设、统一规划和数据统筹管理，市级层面则主要承担自然资源分区数据库的建设等。尽管自然资源数据建设和整合模式在部、省（自治区、直辖市）、市等不同层级间可能存在差异，但面向不同部门对业务数据的共享要求，加强部、省（自治区、直辖市）、市等自然资源部门的数据整合并实现不同类型业务数据的一体化管理，是自然资源数据管理发展的必然趋势。

■（三）业务协同一体化

业务协同一体化，首先是指自然资源系统内部的业务协同一体化。自然资源各项业务在管理层面往往由不同的业务单位提出相应的需求而设计开发，针对不同类型业务需求所形成的系统种类繁多。从系统的角度来看，不同部门之间的业务并不是孤立的。相反，鉴于自然资源在地理空间分布上的复杂性和相互之间的密切关系，不同类型的业务之间，往往存在复杂的联系。例如，国土空间规划业务需要自然资源调查和评价相关部门和测绘部门生产的数据提供支撑；建设用地审批业务处理往往需要以国土空间规划成果、国土资源调查成果作为审批依据，甚至需要参考矿产资源地理空间分布数据等。自然资源开发利用活动过程的复杂性、不同业务环节的不同管理对象之间存在的相互关联性、不同业务环节同一对象在业务流程上存在的前后环节关联性，都决定了自然资源不同管理部门之间的业务信息系统建设必须加强数据衔接和业务协同。

自然资源电子政务的协同也包括电子政务内网和外网业务之间的协同。电子政务外网的自然资源业务事项办理，在自然资源系统内部往往需要流转多个业务处室和部门，由多个部门协同审批才能完成。以不动产登记业务等为例，涉及的流程和流经的部门往往非常复杂，需要经过多个部门的业务联动、并联或串联审批等多个环节才能实现。因而，面对电子政务外网的业务需求，自然资源外网业务系统的建设也需要与自然资源业务专网的系统和数据服务进行协同。自然资源部门行政许可、公共服务事项以及其他为民服务事项处理，需要加强自然资源电子政务内外联动一体化建设。

此外，自然资源业务系统和数据建设，不仅需要满足本部门业务管理需求，也需要满足跨区域、跨层级、跨部门的业务处理请求等，需要自然资源部门不断健全自然资源数据共享协调机制，推进省（自治区、直辖市）、市、县各级自然资源部门共同形成职责明确、协调有力的自然资源一体化业务管理新格局。

（四）平台建设一体化

平台本意是指为人们提供工作、活动所需环境或条件的场所。在计算领域，平台可以被认为是信息化环境中为开展或完成某种事务活动而提供的工作环境，因此，软件、工具和系统都可能被视为平台。当前有关自然资源信息化建设的平台概念较多，这些平台一般按照业务类型进行区分和命名。如行政办公环境下使用的协同办公一体化平台，针对企业和公众办事服务的在线政务一体化平台，专业化应用方面如自然资源智慧监管服务平台、自然资源执法综合监管平台、卫星遥感云服务平台、自然资源网上交易平台、自然资源地理大数据分析平台、自然资源生态修复整理平台等。

当前，自然资源部门所使用的平台类型众多，对各类平台的定义和描述也不尽相同，但从信息化建设的角度来看，平台建设一般包括技术开发、功能建设和运行维护等方面，技术方面主要包括平台技术底座、业务功能展现、用户界面设计以及平台的运行维护等。从一体化的视角来看，完善平台的功能，推动平台的智能化和便利化，促进人机交互协同，是一体化平台建设的核心。

技术底座一体化主要是指针对自然资源数据和业务的特点，采用业界主流技术框架和工具，为用户和开发人员提供自然资源业务系统的数据编辑、数据存储、数据分析、数据共享交换、数据展示、数据安全管理等方面的组件，帮助开发人员快速构建业务应用系统。平台和开发工具所提供的组件，既可以是平台或工具自身提供的组件，也可以由开发人员根据实际需要自主研发形成二次开发能力，以支撑业务应用系统功能的快速搭建、迭代升级。

业务功能展现一体化是指业务系统功能界面的集成，包括统一门户、统一权限、统一认证。统一门户是指提供统一的入口，为用户使用信息服务提供便利，以降低用户认知和记忆的成本，提高操作便利性；统一权限的目的是实现各业务应用系统的功能、数据权限的管理，并为用户提供统一的功能菜单，通过对用户最为关切的业务信息进行整合，如将邮件、通知、待办事宜等日常业务整合到同一界面，方便用户访问和操作。

开发运维一体化是指将平台的研制工作和运行维护视为一个整体，整合开发人员和运行维护人员的力量，共同参与平台的规划、设计、建设和部署。在平台建设过程中，并不是等到平台建设完成后，再由运行维护人员提出修改和完善建议，而是在平台的规划和设计阶段，就让运行维护人员参与到平台建设中，从运行维护视角对平台建设提出相关建议和要求，确保平台在交付后实际使用过程中，运行和维护工作的可操作性和便捷性等。通过开发运维一体化的方式，开发人员在设计和开发阶段就可以考虑运行维护管理的相关要求。开发运维一体化可以提升平台产品的交付能力，减轻平台的维护压力，提高平台的敏捷服务能力。

（五）数据共享交换一体化

数据共享交换一体化是自然资源电子政务一体化平台建设的关键。从支撑自然资源各项业务应用的角度来看，各类业务数据是自然资源电子政务一体化集成平台的核心。因此，加强各类数据在不同平台之间的流动共享和信息服务能力建设，促进自然资源数据全面赋能服务转型升级，推动自然资源电子政务数据共享交换，是实现电子政务系统智能互联、资源共享、业务协同的关键。

自然资源部门的数据共享，既包括部门内部的数据共享，也包括自然资源系统之外与其他部门和机构的数据共享。自然资源电子政务一体化建设，需要以电子政务平台一体化建设原则为指引，通过数据共享交换体系建设，推动自然资源数据服务在不同部门的横向连通和信息共享，促进信息和服务在部、省（自治区、直辖市）、市、县、乡（镇）不同层级业务部门的共享关联和纵向流动的贯通。此外，作为人类活动空间的承载，自然资源的社会经济属性为社会经济发展提供了根本支撑，除自然资源部门外，水利、交通、环保、公安、应急管理等部门，均对自然资源相关数据（如基础地理测绘数据）存在数据共享的需求。

自然资源电子政务数据共享交换体系建设包括交换模式、交换技术、交换安全、交换格式、交换管理等方面的内容。数据共享平台建设，需要加强数据相关标准建设，如自然资源数据分类标准与代码、数据目录代码规则、数据资源编码规则、元数据规范等，制定平台的数据访问规则，并构筑符合不同平台交叉访问和数据共享要求的一体化技术支撑体系架构。基于共享交换一体化的自然资源电子政务技术架构设计，能够帮助自然资源部门实现对不同层级、不同部门的数据的纵横贯通访问，实现数据在跨系统、跨部门、跨业务应用场景中的有序对接、高效流通和动态更新。

（六）信息服务一体化

信息服务一体化主要用于为用户提供更好的信息化服务。信息服务一体化最早出现在图书管理领域，是用户在一个地方即可获得全部服务的一种方式。例如，在图书信息服务过程中，通过各种技术集成信息资源检索、发送、用户浏览、报告生成、数据下载等多种功能，为图书管理系统的用户提供一体化信息服务。

自然资源电子政务信息服务一体化表现在多个方面，涵盖各个相关领域。以行政办公系统为例，行政办公工作人员日常需要依赖信息系统处理的事务主要包括消息管理、人力资源管理、会议管理、日程管理、审批管理、文档管理、绩效管理、邮件管理、组织管理等，种类繁多。为了帮助用户高效、方便地查看和处理各种业务信息，用户往往会提出对办公系统功能方面一体化操作或服务的需求，例如，为用户提供统一的功能菜单和一体化的信息服务等。

除行政办公人员之外，自然资源行政审批人员对电子政务建设同样存在一体化方面的需求。例如，为了提高审批工作的智能化水平，自然资源用户希望在线政务平台能提供更多的智能化工具和技术以推进业务的协同办理、表单的自动核验、信息的便捷查询、服务的智能推送等，减轻工作强度，提高服务效率和质量。在对外信息服务提供方面，为提高社会公众和企业用户的满意度，通过电子政务一体化建设，为各类不同用户审批业务和服务事项的统一鉴权与认证、统一申报、统一受理等业务提供"一站式"服务等。

（七）标准规范一体化

标准化是自然资源业务管理的重要基础，是推进自然资源业务数据治理能力提升的重要手段。自然资源标准化建设涉及的内容较为广泛，涵盖业务、数据、应用服务、管理、技术开发等。在业务标准建设方面，自然资源部门需要建立自然资源调查监测、国土空间规划、自然资源确权登记、自然资源开发利用、自然资源用途管制与督察执法、国土空间生态保护与修复、土地评估、土地市场管理、土地集约利用、耕地保护、地质与矿产资源、海洋等业务模型标准；在测绘地理信息方面，需要建立测绘地理信息获取与处理标准、测绘地理信息成果与应用服务标准、测绘地理信息管理标准、数据治理规范、自然资源电子政务服务及服务供给标准、国土空间基础信息平台建设标准、自然资源数据与共享服务标准、信息安全标准等。

（八）统筹管理一体化

统筹管理一体化是指将各项管理工作整合在一起，以实现高效管理与运作。统筹管理的思想就是将不同部门、不同层级自然资源系统的信息化建设作为一个整体，统筹规划、综合研究，通过制度设计和政策调整，促进部门管理业务效率和效能提升，做好社会公众服务，服务社会经济高质量发展。

总体来看，自然资源部门电子政务建设正朝一体化方向迈进。比如，在建设思路方面，业界提出按照"统一底图、统一标准、统一规划、统一平台"来开展国土空间信息平台建设；在数据获取方面，提出构建"天-空-地-海-网"一体化动态监测网络，以实现对"山水林田湖草沙"自然资源全要素进行动态监测一体化管理；在数据组织和管理方面，强调数据的集中式管理或加强大数据中心建设，为业务运行提供数据要素保障"一本账"；在行政审批方面，不同部门在共同的底图上开展相关业务活动（"一张图"），以避免因数据共享不及时或数据不同步而带来的管理和决策失误；在业务全生命周期管理方面，提出不同业务环节协同审批以形成在线政务服务"一条链"，提升服务质量；为提高行政服务效能，提出用数字化技术推动"一网通办""多审合一、多证合一、多测合一"等改革措施实施等。自然资源电子政务一体化建设是提升自然资源现代化治理能力的重要手段和途径。

第二节 电子政务一体化建设面临的问题分析

经过多年的快速发展，自然资源电子政务发展水平得到了全面提升，自然资源电子政务建设推进了自然资源内部业务流程的优化和重组，为自然资源重点项目工程建设和实施、用地审批、资源评价等业务办理提供了良好的服务环境，自然资源管理能力和信息化水平大幅提高。随着自然资源部门机构改革的深入推进，自然资源电子政务建设仍然存在一些障碍因素和短板，主要表现在以下几个方面。

一、统筹管理机制有待完善

自然资源业务类型较多，且业务关联复杂，统筹管理难度较大。不同业务部门职能不同，由业务职能部门对接和承担业务系统建设的情况依然存在，不同层级电子政务发展水平并不均衡。由于缺乏全面统筹，信息系统建设仍然存在各自为政的现象，自然资源部门电子政务建设存在管理分散等问题。比如，部分证据显示，自然资源监测相关系统的开发，针对同一监测指标的数据采集任务，往往存在用户需要在多个业务系统进行填报的情况，容易产生数据来源不统一、统计结果不统一、数出多源等问题。基层部门在开展卫片执法、耕地非农化监测等工作时，对问题图斑的实地核实、举证和确认时存在的重复核实现象，增加了基层工作量。部分基层部门信息化专业人员配备不足、信息化基础比较薄弱。这些问题的存在，均需要省（自治区、直辖市）、市级自然资源部门提升统筹管理和规划能力，自然资源电子政务省（自治区、直辖市）、市一体化建设有助于缓解当前自然资源电子政务建设发展过程中发展不均衡等问题。

自然资源部门使用的业务系统多、层级多且分散，不同系统之间功能交叉的现象仍然存在，且不同时代、不同部门开发的系统各种架构并行、代码难以整合。例如，笔者的调研工作表明，自然资源执法系统功能建设，既可以在国土资源执法巡查系统中实现，也可以在科技管矿系统和卫片执法中涉及，不同系统的功能存在重复现象。此外，针对不同业务系统数据模型设计，由于不同时期业务系统建设的需求不同，颁布的自然资源管理相关政策在要求上也存在差异。因此，在数据库概念建模和数据建模方面，即使针对同一自然资源管理对象，其数据模型概念抽象、数据结构的定义也可能是不同的，自然资源电子政务建设需要加强顶层设计工作。

二、数据支撑应用水平仍有提升空间

提升自然资源数据支撑应用能力主要体现在如下两个方面：一是针对数据分散问题，需要加强数据整合和汇聚，并对各类数据资源实行一体化管理；二是针对不同时期、不同部门产生的数据，需要加强包括数据的完整性、准确性在内的数据治理工作，加强跨部门业务数据的关联建设和面向业务全生命周期管理的数据治理体系的建设等。

数据整合方面，囿于各种历史因素和客观因素，分散于各个部门的土地、地质、矿产、测绘、海洋等基础业务数据并未完全实现整合，自然资源数据碎片化的现象依然存在。随着自然资源部门相关职责逐渐由分散转向集中，如何在自然资源统一管理框架下，将原分散在海洋、林草、湿地、水资源等部门的各类调查数据进行整合，推动耕地、林业、草地、湿地、海洋等调查数据的有机衔接统一，仍然面临诸多挑战。

在未来的业务系统建设中，需要加强业务全生命周期管理。自然资源不少业务，如地政、矿政等业务，均具有全生命周期特征。自然资源部门运行的信息系统，既包括部垂管信息系统，也包括各级业务部门运行的各类专业应用系统，不同时期开发的各类系统众多。早期阶段开发的信息系统，主要面向单个业务部门，聚焦于部门内部的数字化、信息化和流程化，较少考虑不同系统之间的数据联动需求。而垂管系统，则囿于管理模式、数据访问权限以及早期信息系统设计在完整性、关联性等方面的考虑不足，比较突出地表现为部、省（自治区、直辖市）之间的数据回流和数据综合分析较为困难。不同时期不同企业开发的业务系统，采用的技术架构往往并不相同。从全流程业务视角来看，针对跨部门的业务应用在关联性设计方面明显存在不足，难以为全生命周期的业务应用提供有效的支撑，由此造成的结果是不同系统之间的数据整合和共享、功能整合较为困难，也影响了跨部门数据共享时的关联和打通。

三、业务协同不足，衔接不够

自然资源信息化平台类型众多。在自然资源电子政务专网内，各业务部门运行的各类信息系统和垂管的各类系统建设和管理模式并不相同，导致业务数据跨部门、跨层级的流动存在困难，在业务协同方面存在障碍。以新增建设用地报批为例，开发了计划备案系统、土地市场动态监测与监管等相关系统以支撑报批业务运行，但这些系统主要以垂管系统为主，省（自治区、直辖市）级部门在数据获取方面，仍然主要通过数据接口或应用程序编程接口（API）获取，部级数据向省（自治区、直辖市）级部门回流仍然需要二次开发，在实时性共享等方面仍然存在困难。省（自治区、直辖市）级部门在使用自然资源部承建的业务系统数据时，由于对垂管系统的数据库结构设计和数据关联、数据变动触发条件、数据状态变化等方面的规则了解和理解不足，针对回流数据的质量分析工作存在困难，回流数据的完整性和准确性评估无法得到充分保障。

自然资源业务体系事项复杂，不同业务事项之间具有紧密的联系。囿于部门条块分割等因素的影响，既有的业务分类体系和业务逻辑关系在系统开发具体实现时，衔接仍然不紧密。以新增建设用地报批为例，计划备案系统、土地市场动态监测系统的使用，在业务逻辑上，已经形成较为完整和严密的闭环管理体系，但在系统功能和数据关联方面，业务数据衔接不紧密，难以满足全流程的查询、统计、监管等业务的需求。自然资源电子政务一体化建设客观上要求打破各级业务部门的边界，以实现自然资源数据的统一管理。自然资源电子政务系统建设，需要重新审视土地、矿产、森林、草原等自然资源各要素间的内在关联和相互影响。

在电子政务外网方面，既包括自然资源门户网站及其应用建设，也包括地方政府主导的在线政务一体化云平台等。各类平台服务的部门、角色和对象类型多样，平台类型的多样化和数量的不断增加，加大了平台统一管理与各类业务的协同难度。

四、电子政务服务效能仍需进一步提升

自然资源政务服务内容包括公共服务、涉及个人的行政确认、行政裁决、行政许可等内容，构成了面向企业、社会公众的服务矩阵。部分行政审批和政府服务事项业务流程办理复杂，往往涉及多部门、存在跨层级等情况，业务环节较多。以不动产登记为例，涉及自然资源、房产、公安、民政、税务等部门，业务类型多样，包括转移登记、注销登记、抵押权登记、首次登记、变更登记、预告登记等多种类型，业务流程复杂。如何通过流程再造优化自然资源政务服务，推进自然资源信息服务便捷化、精细化和普惠化，在服务模式、服务途径、软件功能有用性、方便性等方面均有改进空间。

现有系统在对外政务服务和对内行政审批系统一体化程度上仍然存在不足。自然资源电子政务服务分为业务专网信息服务和外网信息服务，这种划分方式可以提高自然资源电子政务建设的安全性，但也可能造成不同网络之间信息服务的衔接不畅。自然资源部门内部云平台的数据治理能力、信息支撑能力、信息共享和协同机制仍然有待加强，行政审批和办公系统相关模块功能仍需整合。此外，随着测绘工作由原来面向全社会的普遍性服务向自然资源"两统一"职责履行这一工作重心转变，自然资源地理空间数据服务在智慧城市、数字乡村、智慧社区和家庭建设中的应用深度和广度也需要进一步增加，以满足社会发展对地理空间数据的使用需求。

五、信息共享程度有待加深

自然资源数据管理体系是一个复杂的系统，涉及的数据范围较广、类型较多、来源复杂。自然资源业务处理，不仅需要土地、地质调查、地质环境等自然资源本底数据要素，也需要自然资源和空间利用数据以及各类社会经济活动数据。社会生产、社会生活等数据往往需要由自然资源部门之外如统计、农业、水利、工信、应急、气象、环保、电信、银行等部门提供。

自然资源"一张网"建设为覆盖国家、省（自治区、直辖市）、市、县四级数据交换共享提供了基础设施保障机制，但在数据共享方面仍然存在痛点和堵点。囿于制度、标准、技术等方面的因素，部委与省（自治区、直辖市）级自然资源部门之间还存在数据回流难、信息共享不充分等问题，不同系统间原本关联的业务由于缺乏统筹规划导致的数据关联性缺失问题依然存在。上述问题的存在影响了自然资源电子政务一体化建设。

六、技术创新支撑能力有待进一步强化

新一代信息技术的不断发展为自然资源管理技术创新发展提供了新的契机。自然资源信息化在人工智能时代的核心是智能化。当前，自然资源电子政务建设与发展已经迈过了数字化和信息化阶段，通过数据驱动来记录和跟踪监测自然资源的变化在技术方面已经发展成熟。边缘计算、物联网、互联网、云计算、数字孪生、实景三维、空间对地观测、大数据、知识图谱、人工智能等技术的发展，为自然资源管理智能化发展创造了有利条件，智能问答、智能推荐等人工智能技术在政府部门中的应用日益广泛。不过，自然资源数字赋能与信息技术融合方面仍然具有较大的潜力与空间，如何利用数据挖掘、知识发现、机器学习、人工智能等新兴技术，推动自然资源监管业务朝智能化、一体化方向发展，仍需进一步深入研究。

七、安全机制建设仍需加强

自然资源数据如地理空间数据、测绘数据等属于涉敏、涉密数据，决定了对于自然资源数据的安全防护具有较高的等级和要求。目前，自然资源数据的使用仍然主要集中在自然资源业务专网。尽管不同行业和各级政府部门对自然资源基础数据如地理空间数据的需求正在加大，但保障复杂互联网环境下自然资源数据安全，仍然需要加强自然资源数据脱敏、脱密等工作机制和方法研究，以进一步发挥地理测绘数据和国土空间基础信息平台相关建设成果的应用价值。

上述一系列问题的存在，制约了自然资源电子政务一体化的建设与发展。破解以上难题，仍然需要不断创新技术与方法，加快自然资源电子政务一体化建设，推进自然资源数字化全面深入和高质量发展。

第三节 自然资源电子政务一体化建设发展着力点

针对自然资源电子政务建设中存在的实际问题，笔者认为，自然资源电子政务一体化建设，至少需要加强以下几个方面的工作：① 提高省（自治区、直辖市）级部门的统筹管理能力，加快数据归集和服务共享中心建设，形成省（自治区、直辖市）级统筹、省（自治区、直辖市）市两级部署、省（自治区、直辖市）市县三级应用一体化建设模式，进一步完善包括涉密网络在内的基础设施建

设；② 进一步加强数据治理体系建设，推动自然资源业务全生命周期管理，加强业务数据关联建设；③ 进一步加强自然资源数据共享与应用服务的技术与管理的保障体系建设，提升信息服务能力；④ 因应云计算、大数据、移动互联网、人工智能发展趋势，推动自然资源管理智能化发展。

一、加强全面统筹管理与规划能力

针对当前业务系统建设分散等问题，一是需要加强统筹管理、顶层设计和规划，按照"统筹规划、统一标准、集约建设、融合共享"的原则，通过省（自治区、直辖市）级统筹加强自然资源数据服务、调查监测、行政审批、监管监测等核心系统建设，以形成省（自治区、直辖市）、市、县可通用的平台和系统，推进自然资源电子政务省（自治区、直辖市）、市、县一体化建设，以更好地解决"各自为政、重复建设、信息孤岛"等问题；二是因应深化机构改革要求，将原分散在各个部门，如发改部门、住房和城乡建设部门、水利部门、农业部门、林业部门、测绘部门的信息系统建设纳入自然资源信息化统筹管理范畴，以自然资源电子政务一体化建设为抓手，推进不同业务部门的数据整合、迁移、系统转换和升级工作，推动平台系统架构的统一。

（一）加强顶层设计与规划

自然资源电子政务顶层设计，是一种将复杂对象简单化、具体化、程式化、"自上而下"的设计方法。它是指针对自然资源管理涉及的管理对象和领域的信息化工作，运用系统论的方法，从实际需求出发，跳出单个部门、单个系统设计的思想约束，对自然资源电子政务建设开展总体构想和战略设计。相比技术实现，自然资源电子政务的顶层设计更多的是关注其需要达到的政务目标以及围绕该目标的结构化设计，并从宏观层面就服务自然资源全局业务角度出发对自然资源电子政务系统涉及的各个层次和要素进行分析和解构。

自然资源电子政务顶层设计的主要内容包括自然资源管理的战略目标、职责、概念框架、法律法规依据、组织架构、管理体制、业务框架、建设内容、基础设施、建设方法、标准规范、应用模式、预算与经费来源等。自然资源电子政务顶层设计工作的开展，既要明晰各个组成部分的边界、结构、功能和组成，也要明确各个组成部分或各个要素之间围绕自然资源和管理目标所形成的关联、匹配和衔接关系，以实现整体与部分的统一。例如，在总体规划的结构性分析设计中，将自然资源电子政务组成划分为业务、标准、技术、数据、应用、服务、设施、安全管理、制度保障等方面。

■ （二）推动平台系统架构统一

自然资源业务应用系统和服务越来越多样化。传统的以单个业务系统建设为特征的开发模式，往往需要开发独立的接口以及单独的数据存储，不同系统之间的数据共享、数据调用和专有业务数据访问往往是独立的。这种开发模式，往往容易导致跨部门、跨系统之间的数据共享和协同、不同系统的集成和管理变得复杂和困难，自然资源电子政务建设，需要推动平台系统架构的统一。

在自然资源电子政务建设中使用统一的平台系统架构具有多种优势。在统一的平台系统架构下，不同系统之间的边界、数据调用服务、数据接口访问服务和相关集成工作可以在设计时予以明确。统一的平台系统架构有利于将不同系统的重复性或可复用的功能进行整合，在提高开发效率的同时，能够帮助开发人员避免不必要的重复开发工作，从而达到节省维护成本和人力资源的目的。此外，统一的平台系统架构还可以帮助开发人员将不同系统的服务以统一的方式整合起来，减少用户的学习和培训成本，以提高用户的使用体验等。

二、完善自然资源数据治理体系建设

针对当前数据来源多样、建设分散的问题，需要打破管理制度上的各种壁垒，通过加强自然资源业务数据的全面统筹规划与建设，在统一自然资源数据标准的基础上，建立自然资源大数据组织框架和管理框架，并完善包括数据治理组织和制度在内的数据治理体系建设。针对自然资源数据质量方面存在的问题，需要持续优化数据生产的标准化管理、持续完善数据质量的管控机制。

■ （一）完善数据标准规范体系建设

数据是支撑自然资源各项业务管理的核心。自然资源电子政务建设，需要加强各类业务数据的标准化建设，建立健全统一的数据标准体系。自然资源数据的汇集涉及不同层级的自然资源部门，不同业务部门的业务需求和业务侧重点不同。加强数据标准化建设，既有利于打破信息孤岛、数据烟囱，促进互联互通，也有利于自然资源数据在各级业务部门的开放、共享，以充分发挥自然资源大数据体系建设在提升自然资源治理现代化水平方面的积极作用。

自然资源信息化标准包括国家标准、地方标准和行业标准等。自然资源数据标准化建设需要自然资源部门按照自然资源大数据标准体系框架和国家标准要求，结合自身业务特点和行业特色，积极开展自然资源数据行业标准、地方标准编制工作，制定数据质量治理标准、电子公文交换、行政服务工作流接口规范、自然资源"一张图"数据应用规范、数据共享与汇交技术规范、运维管理规范等，推动形成规范统一、高效协同、支撑有力的自然资源电子政务大数据标准体系。

（二）加强多源异构数据治理

数据治理可以分为狭义的数据治理和广义的数据治理。狭义的数据治理是指自然资源数据生产、加工及其使用过程中，为确保数据质量、数据安全及数据生产能力而开展的各项相关管理活动，以持续提升自然资源各类数据对业务的支撑能力。广义的数据治理还包括数据管理和数据价值"变现"。数据治理力求实现两个目标：一是通过确保信息可靠、安全且可用于决策来最大化信息对组织的价值；二是通过保护信息来使其价值最大化，确保数据对组织的作用不会因技术或人为错误、无法及时访问、不当使用或意外事故而减少。

自然资源数据包括政务专题数据、行业监管数据、综合统计数据、国民经济与社会行业数据、专题应用数据等。面对多源、异构、类型复杂的自然资源数据，需要自然资源部门在数据治理相关理论指导下，加强数据质量的事前、事中和事后监督检查，并建立健全数据质量反馈整改责任机制和激励机制。通过对多源异构数据进行采集汇总、数据清洗、处理、质检，采用加工、整理、规范化等手段，完成各类数据资源的汇聚、加工整理和一体化管理，并加强对业务流程中产生的各类数据按照业务关联规则进行全生命周期、全业务流程的规范化治理等。

（三）加快自然资源大数据中心建设

自然资源电子政务一体化建设的核心目标之一，就是要建立面向统一管理、应用与服务共享支撑的自然资源大数据中心。通过摸清数据资源家底和系统梳理建设，将物理上分散的自然资源数据进行逻辑整合，实现对自然资源数据生产、管理、更新、共享交换等的统一管理，为自然资源管理和综合决策分析提供一体化的数据要素支撑能力和保障。

自然资源大数据中心建设也需要强化数据安全能力建设。例如，通过引入"区块链＋可信驱动技术"等技术防止数据篡改，以可追溯的、可信流转的方式满足数据端到端的访问，运用非对称加密技术和算法提升安全管控能力等。前瞻研判数字技术应用的衍生风险，加快推进隐私计算的应用普及，加速应用场景落地。落实数据安全法律法规，增强网络安全风险识别和应急处置，强化网络安全监测认证、安全评估和风险预警。

三、完善业务系统能力建设

早期的自然资源电子政务建设主要以各部门的业务系统建设为主，相对分散，无论在跨部门数据共享，还是在业务流程关联建设方面，均存在不足。针对当前自然资源各级部门信息系统数量众多，系统建设统筹管理不足的实际，需要加快自然资源电子政务建设的融合发展，推进自然资源业务的全生命周期建设。通过加强对业务流程的梳理，完善业务系统的功能，从技术层面对不同时期的系统进行合理的迭代升级，以更好地实现跨部门的业务融合。

（一）完善"互联网+行政办公"系统

开展业务系统需求分析，通过全面梳理各部门系统清单，查漏补缺，识别和确认尚未被电子化的业务。对行政办公业务进行分类，通过一体化设计建立全面覆盖的行政办公业务体系，为数字化行政办公业务建构统一的入口，全面支持垂直单位办事、查询等业务。研发统一架构平台，将不同系统的用户界面进行统一，通过一体化的界面设计，提高用户在使用系统时的操作简便性，使用户无须切换不同系统就可以完成多样化的任务。

行政办公系统与审批业务活动紧密相关，部分行政办公业务需要行政审批业务信息支持，也需要国土空间基础信息平台提供的业务数据支撑。因而，针对行政办公系统的建设，需要加强办公系统和业务审批系统的衔接，推进"互联网+政务管理平台"系统建设。如通过"一张图"统一底图与底线，完善"带图审批""以图管控"机制，积极推进"多审合一"。并引入人工智能技术，提高行政办公系统的智能化。加强"互联网+监管"能力建设，基于"一张图"构建用地审批"一张网"，实现审批、服务和监管平台一体化，深化数据共享应用。

针对行政办公业务流程优化的需求，加入工作流引擎，创建行政审批业务流转的定制化、智能化流程场景，以支持业务系统的流程设计、流程流转、流程监控可视化、流程分析、流程动态调整等，改进和提升工作流程。此外，针对移动信息服务平台使用正成为社会公众和企业与政府部门进行信息交流的主要方式，加强移动服务场景的开发和应用，以满足电子政务移动端的用户需求，提升用户体验和满意度。

（二）深化业务应用体系建设

围绕"两统一"职责，厘清自然资源调查监测、自然资源确权登记、自然资源所有者权益和自然资源开发利用等关键环节的业务系统组成，加快业务系统梳理和整合工作。依托自然资源电子政务内外网建设，对照"两统一"职责要求，加强国土空间统一规划、国土空间用途管制、国土空间保护修复等不同业务环节的业务系统建设。

在电子政务专网内，强化自然资源政务审批一体化应用，完善土地管理（如建设项目用地预审）、矿产资源管理（如采矿权、探矿权管理）、地质灾害（如地质灾害评估和治理工程勘查设计资质审批）、测绘管理等审批功能，形成与在线电子政务建设、审批制度改革相配套的一体化管理应用体系。在具体业务应用系统建设方面，加快各类审批、服务事项的深度融合与联动，如实现建设项目选址意见书、建设项目用地预审意见的合并，推进"多审合一"等。在数据建设方面，通过数据共享和大数据中心建设，推进不同层级的数据归集和数据融合，构建数据服务共享中心，为提升自然资源政务协同效率提供支撑。

在电子政务外网建设方面，面向不同层级用户需求，推进与全国一体化在线政务服务平台的对接和数据共享。通过自然资源行政管理、政务服务窗口、社会公众和移动端等门户，接入国土空间规划、耕地保护、生态修复、土地开发利用、矿产资源管理和不动产登记等应用系统，满足省（自治区、直辖市）、市、县三级自然资源主管部门、横向业务协同部门和社会公众需求。

■（三）深化业务全生命周期管理

针对自然资源内部各业务系统之间衔接不畅及数据质量较低和数据共享能力不足问题，应从业务应用场景需求出发，加强各业务系统之间的数据关联机制和业务关联机制建设，推行"一码管地""一码管矿"全生命周期业务管理模式，打通各业务部门的数据共享通道，提升自然资源数据精准治理水平。

针对业务应用场景不够丰富、数据治理工作难以满足业务应用需求等实际，应强调面向具体业务应用场景针对性地开展业务数据治理工作，完善业务数据访问功能接口，推动国土空间的统一规划、国土空间的用途管制、国土空间的保护修复等核心业务的数据应用和业务管理形成管理闭环。以此为基础，迭代完善数据治理工作，逐步消除数据质量方面的历史遗留问题，减少各种历史遗留问题导致的数据质量方面问题的负面影响。

四、提升"互联网＋服务"能力水平

■（一）完善网办业务事项体系

针对如何进一步提升电子政务服务效能问题，自然资源部门需要依据国家相关法律法规规定的职责要求，不断完善在线政务服务业务事项库的建设，从独立性、外部性、时效性等多维度，对土地管理、国土空间规划、矿产资源管理、地质矿产、测绘地理信息管理等自然资源政务服务事项清单做出分类，编制标准统一、分类清晰、覆盖全面的目录清单，并推进事项库内各项业务在内外网协同办理。

■ （二）提升在线政务一体化服务能力

围绕企业、群众对自然资源政务服务的各种关切和需求，依托地方政务大数据平台的政务服务总门户，完善自然资源政务服务事项，整合各类服务功能，实现自然资源电子政务业务事项办理协同，提升自然资源电子政务数据的"一站式"服务能力。完善"互联网+自然资源电子政务服务"体系，将覆盖范围广、应用频率高的自然资源电子政务服务事项向移动端延伸。

打造统一的电子政务信息门户，为在线政务一体化平台提供统一入口，推动自然资源电子政务建设与应用服务的深度融合，深化省（自治区、直辖市）、市、县自然资源一体化政务服务平台与国家平台对接。同时，在认证、服务事项、流程、界面、数据等方面加强不同层级业务系统对接整合，优化智能搜索、咨询等服务功能，提升企业和群众办事的体验感。

激活地理信息数据潜在价值。面向自然资源及其他委办厅（局）和社会公众提供各项专题业务应用，基于自然资源"一张图"地理空间数据，通过脱敏和偏移的方式形成政务版"一张图"数据，通过脱敏和数据抽稀的方式形成公众版"一张图"数据，促进地理空间数据生产汇聚、共享开放和创新应用，为市场监督、生态环保、水利、发改、工信等部门的业务应用提供电子地图、影像地图服务及地图应用程序接口等地理信息空间化服务。

■ （三）促进内外联动一体化

内外联动一体化工作机制是指在自然资源内部各个部门在电子政务内网上的紧密合作，以及自然资源外部与其他政府部门如发改、水利等部门以及社会各界之间的业务联动。数据是驱动业务联动的核心要素，构建多源汇聚、关联融合、高效共享和有序开发利用的数据资源体系是实现电子政务业务内外联动一体化的前提和基础。

因应自然资源业务内外联动一体化的实际需求，自然资源部门在整合国土空间规划、测绘、地矿、林草、不动产等领域数据资源的同时，也需要加强与其他部门的数据共享与联动，推进与农业、水利、生态环境、发改、交通等部门的数据交换与共享。此外，需要更多地整合网络舆情、社会公众对自然资源政务服务的评价数据等，通过结构化和网络媒体等非结构化数据的融合，为自然资源评价、国土空间开发利用、地质灾害监测与评估、重大工程建设、自然灾害风险应对、应急管理等相关业务活动提供更好的支撑。

五、提升"互联网＋监管"能力建设

（一）完善"互联网＋监管"制度建设

"互联网＋监管"有助于在"放管服"改革背景下提高对政府部门各项政务活动过程的监管能力，其目标是实现服务型政府建设、营商环境优化等监管创新。尽管"互联网＋监管"概念源自对政务活动过程的监管，但鉴于"山水林田湖草沙"及矿产资源的动态变化性，在自然资源管理情景下，一些学者也将上述概念和内涵进行了适当扩充和外延。例如，景世通等提出结合卫星遥感监测技术和在线互联设备开发"互联网＋"举证平台，对土地、森林、矿产等自然资源进行监测和评估。

物联网、大数据和云计算等技术的运用为自然资源部门提供了更有效的监管和执法手段。针对自然资源业务体系复杂、部门众多的情况，自然资源业务场景下各类监管业务的开展，首先需要建立自然资源监管部门之间的沟通协调机制，促进自然资源管理决策机构与监管机构的互动与配合，加强监管机构对地方政府政策执行的行政监督与问责机制建设，完善分级分类监管政策，健全跨部门综合监管制度，提升监管能力，维护市场公平和秩序，优化营商环境。

（二）搭建智慧监管大平台

"互联网＋"自然资源智慧监管平台建设是以物联网、边缘计算、云计算、大数据技术、人工智能技术为驱动的、创新型的监管模式。在互联网大数据时代，自然资源的大多数业务活动过程均在数字世界中留痕，与自然资源相关的各类业务数据和管理活动数据是实现自然资源有效监管的重要数据来源。自然资源智慧监管平台建设，需要按照电子政务一体化、集成化建设要求，归集耕地保护、空间规划、开发利用、确权登记、执法监察、政务服务和数据管理等环节相关监管数据，汇聚投资项目审批、公共资源交易、信用信息等专项领域系统数据，以及投诉举报、舆情监测等民生数据，并通过搭建智能化分析和监管平台，对自然资源政务活动和社会公众服务水平进行动态分析和评价，提升自然资源政务服务监管能力。

自然资源智慧监管平台建设主要包括如下内容：一是针对物联网、大数据、人工智能时代的特点，依托物联感知和大数据技术创新应用，提高自然资源监管能力建设，提高风险预判能力；二是通过监管业务系统建设，建立监管业务的跨地区、跨部门、跨层级监管工作协同联动机制，为自然资源监管工作提供综合信息服务，构建一体化的自然资源监管业务体系，实现自然资源监管业务的规范化、精准化；三是针对自然资源在线政务和各项业务活动，强化事中事后监管，建设集信息查询、协同监管、联合奖惩、风险预警、效能监督、投诉举报等功能于一体的"互联网＋监管"系统等。

（三）完善监测网络体系

自然资源包括陆域、海域、域下等各类资源，因而，自然资源监测体系建设应该涵盖土壤、海洋、地下水、耕地质量调查及生态环境监测等内容。在网络监测体系建设方面，构筑由卫星、航空飞机、无人机、无人船、国土调查云等组成的对地观测网络，形成"天-空-地-海-网"一体化的监测网络体系，提升对地观测能力。加强地面监测站网的一体化网络建设，通过融合地面视频和物联网络，形成多源多维监测能力，构建"天上看-地面查-网上管"一体、部门联动、互联互通的自然资源动态监测网络，实现自然资源"数量-质量-生态"一体化监测服务。

第三章

自然资源电子政务一体化建设业务体系分析

    自然资源涵盖的业务范围非常广泛,各类业务的逻辑关系非常复杂,厘清各项业务的关系,对于自然资源信息化工作是一个较大挑战。自然资源管理涉及的业务事项多样,包括自然资源调查与监测、评价、开发利用及国土空间用途管制、资源保护、社会和企业公众服务等方面的内容。对于自然资源各类业务事项进行梳理,并对不同业务事项之间复杂关系进行科学分析,不仅有助于深化对自然资源电子政务建设各项业务需求的理解,也是自然资源电子政务一体化建设中各种信息服务整合的基础。

第一节 自然资源业务类型与信息系统构成概述

一、全局业务分析

    新组建的自然资源部整合了原国土等部、委、局的规划编制、资源调查和确权登记等管理职能,负责全国陆地和海洋的所有自然资源空间规划和监管。尽管不同地区在自然资源机构设置和业务职责范围方面可能存在差异,但总体来看,自然资源管理机构一般包括自然资源调查监测与评价、国土空间规划、资源开发利用、资产管理、权益管理、国土空间生态修复、耕地保护、地质灾害预防与治理、矿产资源、测绘地理信息等相关部门,以及自然资源督察和行政执法等各类监管组织。

结合新时期机构改革背景，按照自然资源部门管理职能要求，自然资源部门担负着统一行使全民所有自然资源资产所有者职责和统一行使所有国土空间用途管制和生态保护修复职责。自然资源部提出，需要做好自然资源调查监测、自然资源确权登记、自然资源所有者权益、自然资源开发利用、国土空间规划、国土空间用途管制、国土空间生态修复七个关键环节工作（如图3-1所示），以实现对所有国土空间范围内的自然资源开发和利用活动进行有效监管。

自然资源各类业务系统的建设一般是按照部门的职能和业务需求而开展的。自然资源信息化的业务范畴主要包括自然资源调查与监测、资源开发利用、国土空间规划、用途管制、资源保护和生态修复、资产管理、权益管理、地质矿产管理、测绘与地理信息服务、执法督察、综合党建等。

二、业务系统建设分析

自然资源信息化建设覆盖地政、矿政、地质灾害、地理测绘、行政审批和综合办公、督察与执法等不同业务部门。持续多年的自然资源电子政务建设，为各级自然资源部门提供了大量的业务应用系统。这些系统既包括各级自然资源部门使用的核心业务系统，也包括为满足跨层级、跨部门业务应用需求而开发的各类专用业务系统。此外，还包括同级部门或自然资源部下发和部署的各类垂管系统等。

不同层级业务部门的业务系统建设，根据业务职能的不同，被细分以满足不同业务处理需要。以地政部门业务信息化为例，土地管理的业务职责往往由国土空间规划、耕地保护、土地利用、地籍管理等业务部门承担。不同业务部门系统建设林立，例如：在调查监测方面，建设有土地变更调查核查平台、外业核查软件平台、国土调查在线举证平台等；在规划编制方面，包括土地利用总体规划管理信息系统、国土规划信息平台等；在用途管制方面，包括计划备案系统、建设用地备案系统等；在确权登记方面，包括不动产登记信息管理系统平台等；在耕地保护与国土空间生态修复方面，包括耕地占补平衡动态监管系统、国土空间生态修复系统等（见图3-1）。

围绕"两统一、七个关键环节"的核心职能，结合自然资源部"三定"（定职能、定机构、定编制）方案和相关信息化建设方案，笔者对湖北省自然资源厅业务系统建设情况开展了调研，并对省（自治区、直辖市）级自然资源部门的地政、矿政、地质环境、在线政务、执法监管等领域业务系统建设情况进行了梳理和分析，制作了省（自治区、直辖市）级自然资源业务信息系统全局图（见图3-2）。

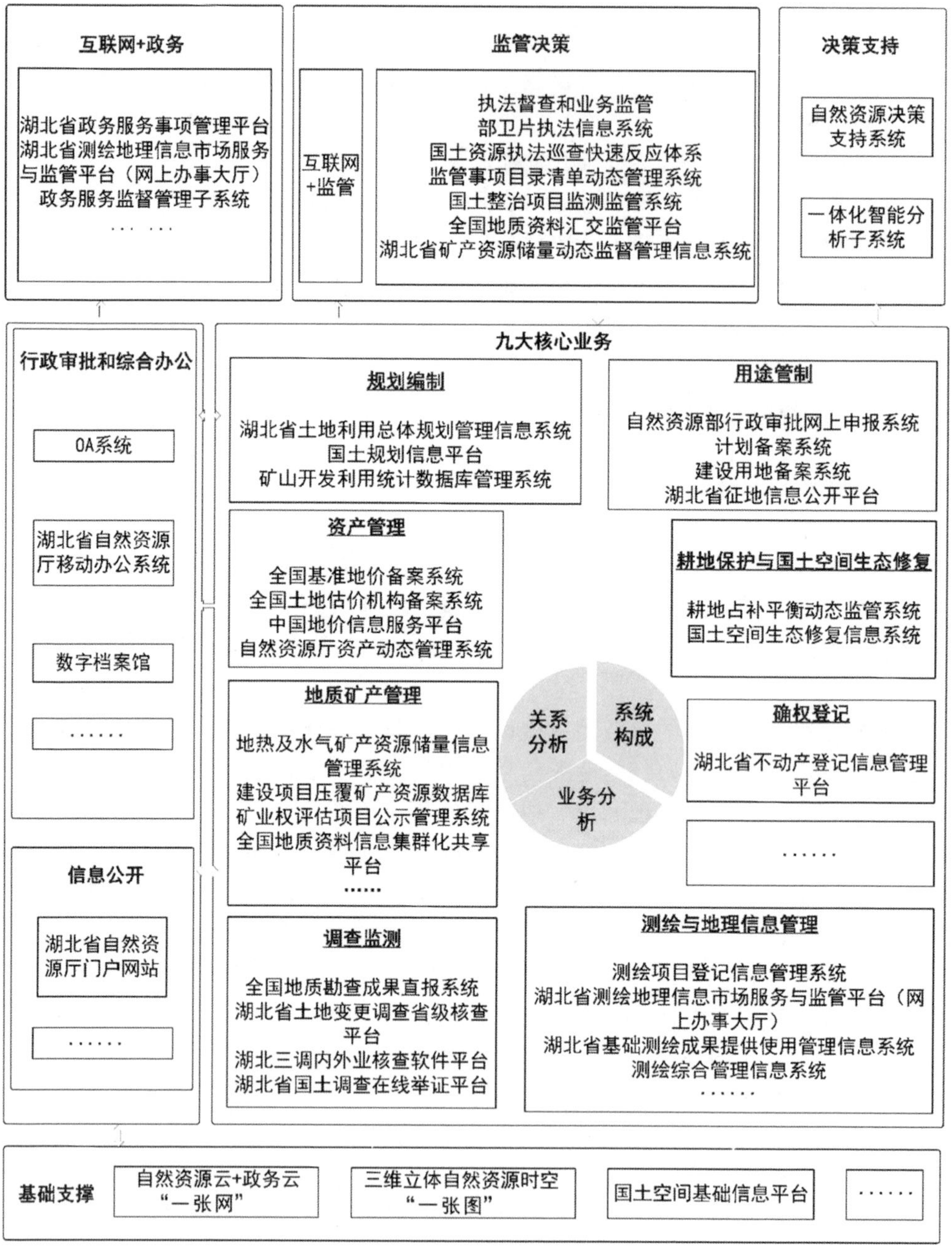

图 3-1 自然资源部门业务系统分析（以湖北省为例）

互联网+政务
- 湖北省政务服务事项管理平台
- 湖北省测绘地理信息市场服务与监管平台（网上办事大厅）
- 政务服务监督管理子系统
- ……

监管决策
- 互联网+监管
- 执法督查和业务监管
- 部卫片执法信息系统
- 国土资源执法巡查快速反应体系
- 监管事项目录清单动态管理系统
- 国土整治项目监测监管系统
- 全国地质资料汇交监管平台
- 湖北省矿产资源储量动态监督管理信息系统

决策支持
- 自然资源决策支持系统
- 一体化智能分析子系统

行政审批和综合办公
- OA系统
- 湖北省自然资源厅移动办公系统
- 数字档案馆
- ……

信息公开
- 湖北省自然资源厅门户网站
- ……

九大核心业务

规划编制
- 湖北省土地利用总体规划管理信息系统
- 国土规划信息平台
- 矿山开发利用统计数据库管理系统

用途管制
- 自然资源部行政审批网上申报系统
- 计划备案系统
- 建设用地备案系统
- 湖北省征地信息公开平台

资产管理
- 全国基准地价备案系统
- 全国土地估价机构备案系统
- 中国地价信息服务平台
- 自然资源厅资产动态管理系统

耕地保护与国土空间生态修复
- 耕地占补平衡动态监管系统
- 国土空间生态修复信息系统

地质矿产管理
- 地热及水气矿产资源储量信息管理系统
- 建设项目压覆矿产资源数据库
- 矿业权评估项目公示管理系统
- 全国地质资料信息集群化共享平台
- ……

确权登记
- 湖北省不动产登记信息管理平台
- ……

调查监测
- 全国地质勘查成果直报系统
- 湖北省土地变更调查省级核查平台
- 湖北三调内外业核查软件平台
- 湖北省国土调查在线举证平台

测绘与地理信息管理
- 测绘项目登记信息管理系统
- 湖北省测绘地理信息市场服务与监管平台（网上办事大厅）
- 湖北省基础测绘成果提供使用管理信息系统
- 测绘综合管理信息系统
- ……

（关系分析 / 系统构成 / 业务分析）

基础支撑
- 自然资源云+政务云"一张网"
- 三维立体自然资源时空"一张图"
- 国土空间基础信息平台
- ……

图 3-1 自然资源部门业务系统分析（以湖北省为例）

第三章 自然资源电子政务一体化建设业务体系分析

互联网+政务
在线政务
湖北省政务服务事项管理平台
测绘地理信息市场服务监管平台
政务服务系统升级完善
政务服务能力评估子系统
内外联动业务协同子系统

监管决策
互联网+监管
湖北省投资项目在线审批监管平台
监管事项目录清单动态管理系统
政务服务监督子系统
全省大数据综合分析系统
全省监管风险预警系统
全省联动协同监管工作系统
全省监管工作情况评估系统
湖北省"双随机一公开"监管平台
业务监管
沮漳河河长信息系统
矿产资源储量动态监督管理系统
土地市场动态监测与监管系统
国土整治项目监测监管系统
全省综合整治从业机构管理系统
全国地质资料汇交监管平台
执法督查
自然资源部卫片执法信息系统
国土资源执法巡查快速反应体系

决策支持
分析决策
自然资源决策支持系统
一体化智能分析子系统

资产管理
土地估价
全国基准地价备案系统
全国土地估价机构备案系统
中国地价信息服务平台

资产动态管理
湖北省自然资源厅资产动态管理系统

信息公开
矿产
湖北省矿业权市场公示公开系统
矿产资源勘查开发公示服务系统
矿业权评估项目公示管理系统
土地
湖北省征地信息公开平台
门户网站
湖北省自然资源厅门户网站

规划编制
土地规划
湖北省土地利用总体规划管理信息系统
国土规划信息平台

地质矿产管理
矿产
矿产资源储量数据库管理系统(V2.02)
矿产资源储量登记数据库管理系统(V2.0)
矿山开发利用统计数据库管理系统
矿产资源"四库一平台"
地热及水气矿产资源储量信息管理系统
矿产资源储量空间数据库
建设项目压覆矿产资源数据库
湖北省矿政管理信息化系统
矿产资源勘查开发综合统计分析系统
科技管矿系统
湖北省矿业权网上交易系统
地质管理
湖北省重要地质钻孔数据服务平台
地质环境管理信息平台
全国地质资料信息集群化共享平台
地质资料在线服务系统
全国地质勘查成果直报系统
全国地质勘查单位执业信息报备系统

行政审批和综合办公
行政审批
湖北省行政审批中介服务网
湖北省自然资源政务云平台
全国行政复议工作平台
湖北省行政职权和服务事项管理系统
综合办公
湖北省自然资源厅电子政务系统
湖北省自然资源厅移动办公系统
湖北省自然资源厅政务信息报送系统
数字档案馆
面向耕保处的办公系统
OA系统
国土资源云综合统计分析系统

用途管制
用地预审
自然资源部行政审批网上申报系统
建设项目用地预审备案系统
用地备案
计划备案系统
建设用地备案系统
用地公开
湖北省征地信息公开平台

耕地保护与生态修复
耕地保护
耕地占补平衡动态监管系统
生态修复
国土空间生态修复系统

确权登记
不动产登记
湖北省不动产登记信息管理平台

测绘与地理信息服务
测绘
测绘项目登记信息管理系统
湖北时空信息数据共享交换平台
湖北省基础测绘成果提供使用管理信息系统
测绘综合管理信息系统
湖北省测量标志管理信息系统
测绘成果网络报检系统
注册测绘师继续教育平台
注册测绘师注册管理系统
测绘资质管理信息系统
测绘作业证管理信息系统
测绘仪器检定系统
测绘领域管理系统
湖北省测绘成果汇交子系统
时空信息云平台
地理信息服务
全国地理信息资源目录服务系统湖北站点
湖北位置服务
天地图服务
天地图·湖北
湖北省公安高精度位置服务平台

跨第三方服务
信访、社信、自贸区等三方
12336信访举报管理信息系统
湖北省社会信用信息服务平台
湖北自贸区综合信息管理系统

卫星影像数据
自然资源卫星影像云服务平台省级节点
多源遥感影像管理系统
一张图
湖北省自然资源一张图

调查监测
湖北省土地调查
湖北省土地变更调查省级核查平台
湖北三调内外业核查软件平台
湖北省国土调查在线举证平台

图 3-2 省（自治区、直辖市）级自然资源业务信息系统全局图（以湖北省为例）

三、业务流程分析

不同的业务系统，尽管分散于不同的部门，但从业务逻辑视角来看，在流程上它们之间可能存在前后关联。以地政业务系统建设为例，其主干业务流程可以按照调（自然资源调查）、规（国土空间规划）、定（年度计划指标制定）、批（新增建设用地报批）、征（土地征用或征收）、供（土地供应）、用（土地利用）、补（耕地占补平衡）、查（土地督查）、登（地籍管理与土地登记）、护（生态修复与保护）、服（在线政务服务）等业务类型进行划分。不同业务类型，在业务逻辑上可能存在密切联系。如国土规划业务开展，需要以自然资源调查工作为前提，而年度计划指标制定，则需要以国土空间规划成果和自然资源调查成果为依据。新增建设用地的报批，则需要检查是否涉及土地征用或征收环节以及符合耕地占补平衡政策方面的要求等。所有的业务均需要以调查和测量工作为基础，针对不同的环节开发不同的业务系统或功能模块，以支撑日常业务的运行。

第二节　自然资源数据共享与跨部门业务协同分析

自然资源电子政务一体化建设必须形成"横向到边、纵向到底"的建设格局（见图3-3），即自然资源电子政务建设过程应该坚持共建共治共享原则，努力消除信息孤岛，形成自然资源信息化治理体系，横向上实现同层级跨部门、跨业务、跨系统数据共享，纵向上推进不同地区、不同层级、不同部门之间的业务数据互联互通，确保政府部门到政府部门、政府到企业、政府到公民的信息服务能够取得良好的效果。

一、横向到边：跨部门业务协同管理一体化

横向到边，是将自然资源管理总体战略目标进行分解，并由更多细分层级的部门来共同实现自然资源管理的总体目标。在目标的横向分解中，每一相关职能部门都相应地设立各自的管理目标，并围绕自然资源管理的共同目标，各负其责。尽管在组织机构设置上存在差异，但横向上分布的各个部门可视为同一层级，在业务联系上，各部门之间并非相互割裂，而是相互联系的。例如，自然资源地政业务工作，在实际中往往由国土空间规划、地籍管理、耕地保护、土地开发和利用、督察和执法等业务部门共同完成。

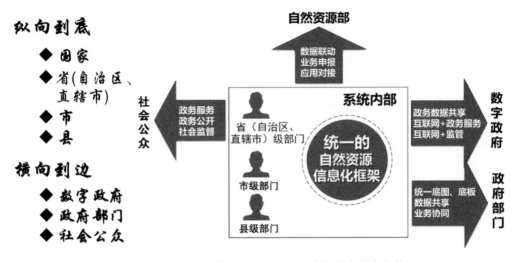

图 3-3　自然资源"横向到边、纵向到底"信息服务架构

自然资源电子政务系统建设，必须有助于部门之间业务关系的建立和衔接，以实现不同部门的业务协同。现代信息技术，能够帮助自然资源管理部门搭建基于网络的治理架构，实现自然资源业务的网络化治理。通过智能化、一体化、信息化技术，深度融合国土空间规划、土地用途管制、矿产资源开发利用、基础地理测绘、林业等业务，打破横亘于原有部门间的分头治理和条块分割现象，推进自然资源机构职能及业务的整合与优化。

二、纵向到底：省（自治区、直辖市）、市、县一体化

纵向到底表示的是政府机构中自上而下不同层级之间的关系。自然资源业务运行的层级结构自上而下划分为部、省（自治区、直辖市）、市、县等自然资源管理部门。自然资源电子政务建设，需要聚焦自然资源数字化，为不同层级的自然资源管理部门打造一体化综合服务平台，推动自然资源管理省（自治区、直辖市）、市、县等多级业务协同体系建设。

当前，自然资源电子政务建设已经进入了新阶段。从移动互联网和人工智能发展方向来看，自然资源电子政务建设需要将自然资源业务管理、数字治理和公共服务进行整合，推动自然资源信息化服务向基层延伸，以提升自然资源信息服务能力，实现服务事项办理的联网通办，形成移动端、互联网、桌面端、掌上平台、大厅和网上的智能机器人服务一体化服务格局，为省（自治区、直辖市）、市、县等不同层级的用户提供统一的业务处理平台和信息服务，推动自然资源电子政务建设实现跨地域、跨层级、跨部门、跨业务、跨系统的信息共享和业务协同。

第三节 自然资源业务全生命周期分析

自然资源多项业务具有全生命周期的特征，例如，地政业务、矿政业务以及行政审批业务、在线政务一体化业务等均具有全生命周期特征。自然资源电子政务建设，需加强土地业务管理全生命周期分析。

一、土地业务管理全生命周期分析

以不动产业务信息化建设为例，已往相关信息系统需求分析与开发，往往由不同的业务部门独立完成。不动产单元数据记录的形成，往往需要经历多个业务环节，如在前期阶段，前期报批环节，需要以国土空间调查、国土空间规划编制环节的业务成果为基础；在审批过程中，需要对农转用征收方案进行审批。在土地供应环节，需要获得土地供应与建设用地规划许可。在土地开发和利用阶段，需要获得建设工程规划许可，并接受相关部门对建设工程设计方案的审查；在竣工阶段，需要根据规划对建设工程建设情况进行核实等，不同的环节均涉及审批活动，业务环节较多，不同环节业务数据共享存在管理制度和人为因素方面的制约。为实现不动产登记业务的全生命周期管理，需要对不同环节的业务数据建立关联。例如，从业务源头按一定规则赋予不动产单元的唯一和可识别的标识码，并将该标识码贯穿于不同的业务环节以实现该不动产单元代码全业务流程的贯通，从而帮助自然资源管理人员实现对不动产单元的"批—供—用—补—查—登"全生命周期的业务追踪、信息查询和事务管理。

当前，全国在线政务一体化建设，对各级自然资源部门内网地政等业务系统的建设和管理也提出了全生命周期管理方面的要求。加强自然资源部门内外网业务系统和数据建设一体化，需要各级自然资源部门从全生命周期视角加强地政、矿政、地质灾害等业务领域的业务流程梳理，通过数据治理，打破信息孤岛，重建已往不同业务系统间的数据在不同部门、不同业务环节之间的关系。

二、自然资源行政审批业务的全生命周期分析

行政审批业务中的全生命周期概念，首先来自如何以全生命周期理念为企业和用户提供全生命周期管理和服务。例如，为了提高电子政务服务水平，将政务服务事项按服务对象所处的人生阶段对业务事项进行分类和整合，以实现服务的精准推送。在户籍登记和社保等部门的相关业务办理中，根据自然人所处的人生

不同阶段对业务事项进行分类或重组，以整理出不同的主题、事件，并绘制出自然人业务办理事项的"全生命周期树"。不过，户籍登记服务、社保经办服务、医疗保障服务中按照业务办理人所处的人生阶段来对政务服务事项进行分类的方法，并不完全适用于自然资源在线政务服务全生命周期管理。

自然资源行政审批业务本身具有全生命周期管理特征。以重点项目建设用地审批为例，土地受让单位往往需要办理土地预审、环评、能评等业务，不同的环节在流程设置上往往具有前后关系，如环评或能评业务事项的办理，是以预审这一业务事项办理作为前置条件的。不同的流程，要求提供的审批材料往往不同。从提高政务服务工作效率角度来看，需要自然资源管理部门从全业务过程、全生命周期视角对地政、矿政等业务中涉及的各个环节进行整合优化。

不同环节的业务处理并不是孤立存在的，而是存在着复杂的联系。以项目建设用地审批为例，为了提高审批业务效率，自然资源部门常采用"联评联审联办"的方式，将原需由国土、发改、环保、规划等部门办理的几十个审批事项进行集中式审批，以实现"多审合一"。同理，在规划许可审批环节和发证环节以及竣工验收环节等，也需要推进"多证合一"和验收事项的"多验合一"。

自然资源业务全生命周期特征也体现在工程项目建设领域。例如，建设工程项目相关业务事项往往需要经过用地审批、规划许可发证、工程竣工验收等多个环节。为了减少用户业务办理环节，在建设项目规划土地意见书审批业务中，可以将建设项目选址意见书与用地预审合并办理，以"多审合一"的方式来提高自然资源相关部门和机构的工作效能，最终提高用户的满意度。

三、面向在线政务一体化业务的全生命周期分析

面向在线政务一体化业务的自然资源政务全生命周期服务和管理，是相对于前述自然资源行政审批业务而言的。传统的自然资源政务服务事项办理，其审批业务流程优化，主要局限在自然资源系统内部。在线政务平台上提供的自然资源政务服务办理事项，尽管以单个目录方式提供，然而在自然资源业务专网内，所涉及的业务往往并非由单个部门完成，而是流经多个业务部门或多个环节。全国在线政务一体化平台的建立，为自然资源部门向各类用户提供"一站式"、跨部门的个性化服务、主题式服务提供了可能。

自然资源在线政务"一站式"服务，是指针对企业和群众提供信息服务，从企业和群众视角出发，打通自然资源在线政务流程，实现政务服务"一站式"办理。自然资源在线政务一体化建设的模式，不仅需要在自然资源内部对既有的业务流程进行优化，也对跨自然资源部门的审批业务联动提出了新的要求。自然资源部门需要从业务全生命周期视角加强在线政务事项的梳理和数据库建设。

四、面向业务的海量数据全生命周期管理分析

自然资源业务管理对数据的应用也提出了全生命周期管理方面的要求。当前，各级自然资源部门积累的数据资源越来越丰富。针对自然资源数据大量增长的发展趋势，有学者提出，必须加强自然资源数据的全生命周期管理，以推动自然资源各项业务管理从已往业务系统的应用朝深化数据驱动模式的应用方向转变。围绕数据分析使用等核心环节，自然资源必须建立起完整的数据标准管理、数据质量管理、元数据管理、数据安全管理、元数据管理等体系，并贯穿整个数据管理生命周期，以提高自然资源全流程监管和综合决策能力。

自然资源数据的使用与数据状态密切相关。从数据全生命周期的视角来看，在数据建设与发展的不同阶段，因业务与数据的紧密耦合关系，数据流经不同的业务环节，相关状态往往发生改变。为了实现数据状态变化过程在不同业务发展阶段的信息回溯，需要针对自然资源数据管理发展空间数据全生命周期管理技术，以准确记录空间数据编辑和更新时间、数据状态标识、业务关联标识等状态转换的关键信息。

自然资源数据的全生命周期管理技术，包括数据管理与更新、版本管理、拓扑检查等空间管理技术，以实现对自然资源数据从生产、转换处理、质量检查、制图到最终销毁等不同阶段状态的全程监控。通过版本管理等技术，能够进行任意要素、任意状态转换时刻的信息回溯，辅助数据管理人员全面掌控国土空间基础信息平台所有数据的整个生命周期的运行状态。

第四章

自然资源电子政务一体化建设目标与内容

本章在自然资源部提出的信息化总体建设方案基础上，结合自然资源电子政务建设中存在的部分应用系统平台重复建设、分散建设情况，从省（自治区、直辖市）级自然资源信息化视角，分析使用云服务总线、大数据、人工智能等技术开展自然资源电子政务一体化建设的思路，阐述一体化建设的基本目标、基本原则、基本方向、基本内容和建设思路，以期为自然资源电子政务一体化建设提供决策依据和参考。

第一节 自然资源电子政务一体化建设总体目标

基于自然资源电子政务一体化设计理念，以自然资源"一张网""一张图""一平台"为依托，充分运用物联网、移动通信、区块链、人工智能、量子信息、云计算、边缘计算、超级计算等新兴技术，统筹推进自然资源电子政务一体化建设，构筑自然资源信息化技术支撑、行政办公、机构管理、政务服务、"互联网＋监管"、组织制度保障六大体系，对接地方政府在线一体化政务平台。通过电子政务一体化建设，对内推动自然资源信息技术创新、业务流程优化、管理制度创新，对外提高"互联网＋自然资源政务"服务水平，推动形成"内外联动、信息共享、业务协同、安全高效"的自然资源信息化工作一体化、立体式发展格局，为全面提升自然资源调查监测评价能力、自然资源监管决策能力和政务服务能力提供支撑。

第二节　自然资源电子政务一体化建设基本原则

秉承上述思路，自然资源电子政务一体化平台建设应遵循以下原则。

一、坚持系统观念、统筹推进

结合新时期对自然资源部门职能和业务的要求，自然资源信息化工作必须遵循整体性、系统性、协调性、可行性等关键原则，按照"大统筹、大数据、大融合、大服务"的思想，将"山水林田湖草沙"作为系统整体统筹考虑，强化自然资源电子政务建设与规划的顶层设计。

坚持集约化建设思路，统筹推进电子政务一体化建设。在统一的标准体系框架下，开展三维立体自然资源时空大数据治理与建设，持续推进支撑自然资源各项业务活动的自然资源"一张图"业务数据建设，为自然资源电子政务内外网业务系统运行提供统一的数据基础。通过基础设施资源、数据资源、存储资源、网络资源、应用服务资源建设以及一体化平台建设，开发接口和业务系统功能软件的服务，最大限度地共享政务信息资源、系统软件和硬件环境，深化自然资源电子政务外网、内网与全国在线一体化政务服务平台的集成、整合和对接。

二、坚持需求导向、应用牵引

在政务专网内部业务系统建设方面，坚持以业务应用牵引，提升数据治理能力，促进数据有序流动，不断提高自然资源数据质量，通过数据赋能，推进跨部门、跨层级业务协同与应用，提升自然资源数据更好地支撑各项业务活动的能力。在自然资源电子政务外网业务建设方面，从满足企业和群众对信息服务日益增长的需求出发，摆脱"工具理性"思维，基于"用户视角"开展电子政务一体化设计与开发，提高用户满意度和用户体验。

坚持简单架构的原则，在满足信息化目前性能需求和可预见未来性能需求的情况下，简化一体化平台技术架构。自上而下做好一体化平台各组件的定位和规划，避免相关组件的重复建设。坚持业务系统与一体化平台部署分离的原则，保持数据架构的清晰性。

三、坚持创新引领、场景驱动

顺应信息技术发展方向，充分运用云计算、区块链、人工智能、视联网等技术，创新系统建设模式，提高自然资源监测能力，提升自然资源业务系统建设服务决策支撑水平，推动实现自然资源管理决策科学化、管理精准化、服务智能化。

充分发挥自然资源业务应用场景丰富优势，针对业务数字化应用场景、复杂性需求等痛点，重构技术创新体系，推动国土空间基础信息平台计算智能化、管理协同化，推进信息技术、应用场景融合创新，形成以信息技术发展促进自然资源业务能力提升、以自然资源业务应用推进技术进步的良性循环格局。

四、坚持整体协同、安全可控

坚持整体协同、安全可控。严格按照国家制定的数字政府建设信息安全相关标准，参照自然资源部制定的信息安全管理相关规定，落实政府信息安全等级保护和涉密信息系统分级保护制度。树立网络安全底线思维，严格落实网络安全法律法规制度，确保部署在非涉密网络环境中的各类资源不涉及国家安全保密内容。围绕自然资源业务数据全生命周期安全管理，健全自然资源信息安全体系，确保网络、应用和数据安全，提升信息安全防护能力。落实安全主体责任，促进安全协同共治。加快推进关键设备的国产化和安全高效应用，实现自然资源信息安全与利用协调发展。

第三节 自然资源电子政务一体化建设主要内容

因应自然资源电子政务内网应用和外网应用两种需求，按照自然资源部提出的信息化建设总体方案和相关标准规范要求，以"自然资源监测评价""自然资源监测与决策""互联网+自然资源政务服务"三大应用体系建设为目标，统筹推进自然资源电子政务一体化建设。具体实现上，就是要依托自然资源"一张网""一张图""一个平台"，充分运用移动通信、云计算、大数据、物联网、视联网、实景三维、区块链、人工智能等新兴技术，构筑自然资源电子政务建设支撑体系、行政办公体系、政务服务体系、机构管理体系、"互联网+

监管"体系、制度保障六大体系。在电子政务内网业务系统建设层面，加强大数据中心建设，完善自然资源数据治理体系建设，进一步拓展业务系统能力建设，以提升自然资源"两统一"履职能力。在电子政务外网业务系统建设层面，依托全国一体化政务服务平台，对接地方政府政务平台建设，通过加强数据归集、安全防护等能力建设，提高自然资源电子政务内外网协同，促进数据共享和公共服务开放，提升利企便民服务能力和服务水平。通过自然资源电子政务一体化建设（见图4-1），夯实自然资源网络基础设施纵横联通支撑，构筑自然资源动态感知一体化监测体系，助推自然资源部门形成多层次立体交叉、跨部门综合协作治理的自然资源管理模式，增强自然资源业务全过程综合监管能力，提高自然资源部门服务社会经济发展能力，提升自然资源治理智能化、科学化、现代化水平。

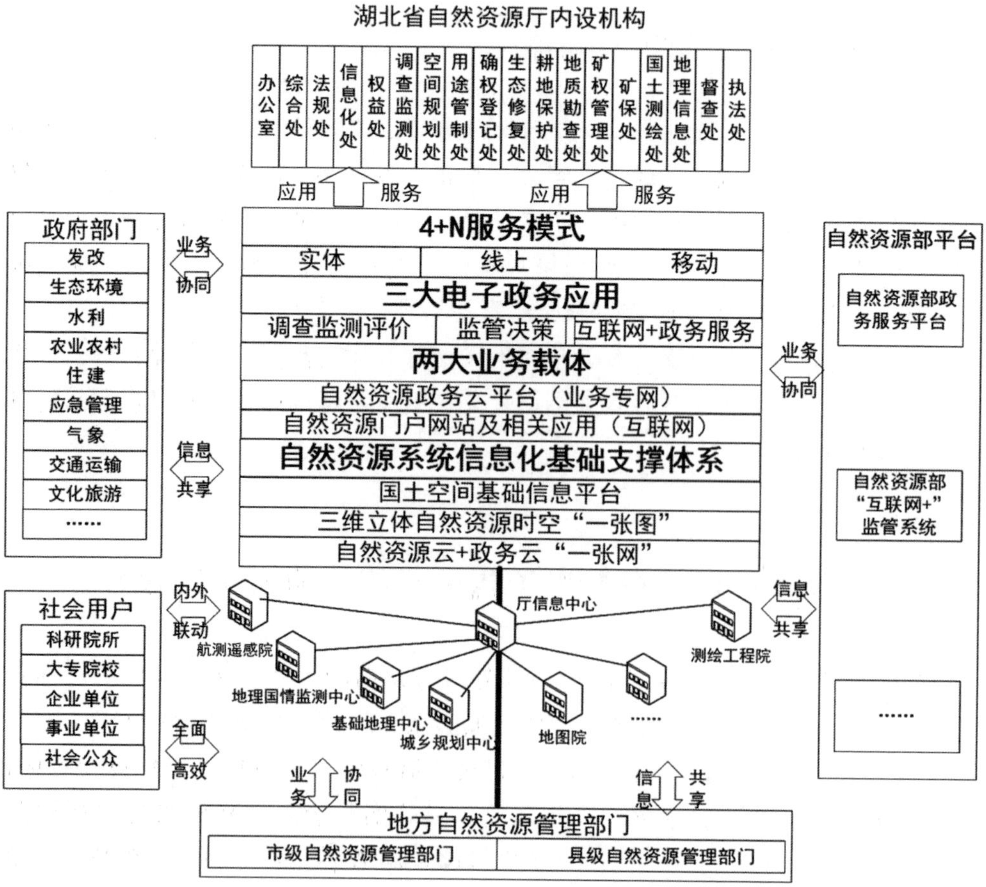

图 4-1 自然资源电子政务一体化平台建设内容（以湖北省为例）

一、自然资源"一张网"

（一）纵横互联"一张网"

自然资源"一张网"主要包括涉密内网、业务网和自然资源应急通信网等，这些网络是支持自然资源业务数据处理和应用的重要基础设施，也是自然资源信息化基础设施支撑体系的重要组成部分。针对自然资源网络建设存在的分散问题，在业务网建设方面，需要加强自然资源电子政务内网、业务专网的整合。因而，自然资源"一张网"的主要建设任务是通过集约高效数字化基础设施建设，构建服务自然资源业务网、结构上纵横互联的一体化网络体系。

（二）安全高效"一张网"

自然资源省（自治区、直辖市）、市、县电子政务一体化建设，需要以网络安全技术为基础，通过自然资源大数据存储、应用分析和共享交换，为国土空间基础信息平台顺畅运行提供稳定支撑。网络安全体系建设包括涉密网、自然资源业务专网、地方政府电子政务网、互联网、移动网等安全基础设施建设。在涉密网建设方面，需要自然资源部门严格遵循国家相关部门的要求，以涉密内网为基础，整合其他涉密网络，建立互联互通的涉密网络运行环境；在互联网应用支撑方面，自然资源"一张网"建设包括自然资源系统与国家整体政务系统的接入通道建设，需要做好自然资源电子政务外网、非涉密无线政务外网的衔接等。

二、自然资源数据整合"一张图"

自然资源数据整合"一张图"的建设目标是为自然资源各项业务基础信息服务提供数据支撑。通过数据归集、开发服务接口等方式，构建全域全周期数据要素体系，以支撑国土空间基础信息平台运转和业务场景应用，为各项业务系统提供信息检索、地理空间分析、业务数据统计等服务。

自然资源数据类型众多，包括现状和调查监测数据、规划数据、自然资源管理数据及人口、社会经济发展数据等（见表4-1）。

表 4-1　自然资源数据类型及数据内容

数据类型	数据内容
现状和调查监测数据	包括地表、地上、地下等自然资源监管对象的监测数据和现状数据，如土地利用现状数据、国土调查数据、地质数据、自然灾害数据、地理国情普查数据、矿产资源数据、湿地数据、地下管线数据等

续表

数据类型	数据内容
规划数据	包括国土空间规划管理、专项规划数据、地质规划数据、矿产规划数据、"三区三线"数据等。其中,"三区三线"数据是国土空间用途管制的主要内容。"三区"侧重于主导功能的划分,包括城镇空间、农业空间、生态空间三种类型空间所包含的数据。城镇空间由划定的城市开发边界数据界定,农业空间由永久基本农田界定,而生态空间可通过生态保护红线和一般生态空间边界来界定。"三区三线"及各类专项规划数据是制定管控规则和国土空间规划控制指标的主要数据来源和依据,在土地用途管制相关业务活动中,用于明确国土空间开发利用活动的边界
自然资源管理数据	包括业务管理活动过程中产生的数据,如不动产确权登记、国土空间规划管理、地政(土地审批、土地供应)、矿政(矿业权审批)、生态修复等以空间开发管理和利用信息为主的空间管理数据
人口、社会经济发展数据	包括自然资源承载力评价、土地集约利用、土地适宜性评价等需要使用到的人口、社会经济发展数据

自然资源数据整合"一张图"的目标是结合自然资源领域数据建设实际和业务需求,形成自然资源管理数据服务中心或大数据中心,为自然资源统筹管理、自然资源动态监测、自然资源开发利用全过程用途管控、自然资源全要素耦合监管、跨部门信息共享服务、自然资源在线政务信息系统等提供统一的数据应用和数据支撑。

自然资源数据整合"一张图"建设主要包括以下几个方面的内容:统一的时空基准建设,数据标准体系建设,大数据中心建设,数据治理体系建设等。

(一)统一的时空基准建设

时空属性是自然资源数据具有的重要特征之一,自然资源数据建设必须考虑时空基准。信息共享、决策支持等各项业务数据处理活动,大多隐含了时空基准。因此,建立统一的时空基准是实现自然资源时空大数据时空维度管理、数据分析、成果输出和业务管理决策的基本遵循。

自然资源大数据时间基准一般采用公历纪元和北京时间,空间定位基础采用2000国家大地坐标系和1985国家高程基准,参数主要包括坐标系、中央经线、坐标原点、X轴偏移、Y轴偏移、投影比例尺等。通过建立统一的时空基准,实现各级自然资源业务部门对自然资源数据的统一访问，支撑自然资源部门内部数据流通和共享，同时也为省（自治区、直辖市）、市、县不同层级之间及同一层级不同部门之间的"三跨"（跨部门、跨地域、跨层级）数据共享提供统一的空间参考。

(二) 数据标准体系建设

数据标准是推进自然资源数据共享和交换一体化的基础，是各类业务系统采集、传输、处理、存储等过程需要遵循的规范和原则，包括时空基准、数据分类标准、交换标准等。每类标准均可以往下细分，以数据交换标准为例，其包括平台系统连接、数据交互机制、数据信息传输管理、信息传递逻辑约束和过程监控、数据交换维护和异常处理等活动过程相关标准。

(三) 大数据中心建设

面向各个应用领域对自然资源数据的访问请求，大数据中心建设的重点任务之一就是建设不同类别的自然资源"一张图"，包括现状数据"一张图"、规划数据"一张图"、管理数据"一张图"、社会经济数据"一张图"、实景三维"一张图"等。基于"一张图"自然资源大数据中心建设模式，改变了已往因系统和数据建设分散导致的自然资源业务数据难以共享、数据标准不统一等弊端。数据中心建设过程中采用的各种措施和手段，如数据汇交和数据审核流程和制定、数据标准制定、数据入库检查措施制定等，有力地保障了自然资源数据的质量，实现了自然资源数据的统筹管理。自然资源大数据中心建设为各级部门业务（如国土调查、国土空间规划管理、耕地保护、新增建设用地报批、土地供应、地质规划、矿产规划、地质环境管理、生态修复、决策分析、在线政务一体化等）开展提供有力的数据服务和技术支撑，为"多审合一、多证合一、多测合一"等改革实施奠定基础，进而提高自然资源行政审批效率，提升自然资源电子政务建设水平。

(四) 数据治理体系建设

数据治理被认为是组织实现数据价值最大化的一种新能力。数据治理的目的在于为自然资源部门提供数据使用和数据安全管理战略，以最大限度地利用数据并降低与数据相关的风险。经过多年建设，自然资源业务数据在标准化、规范化等方面均有所加强。不过，自然资源管理体系错综复杂，业务流程烦琐，涉及的业务部门众多，在跨部门信息共享和全流程监管方面，仍然存在痛点和堵点。自然资源电子政务一体化建设在自然资源数据治理方面对跨部门业务数据的关联性和完整性提出了新的要求，迫切需要在自然资源管理统一框架下，面向信息服务需求，打破部门条块分割边界，从业务全流程视角，加强自然资源的数据治理体系建设，为各级自然资源部门开展各项业务活动奠定坚实基础。

自然资源业务数据治理可以帮助自然资源部门实现数据组织管理的一体化，并确保数据质量与业务需求一致、符合相关标准和规范要求等。此外，数据治理工作也将推动数据的利益相关者能对数据所表征的业务内涵达成一致的理解。数据治理包括数据架构、数据建模和设计、数据存储和操作、数据安全、数据集成和互操作性、文档和控制、参考数据和主数据、数据仓库和商业智能、元数据和数据质量等内容。自然资源数据治理体系建设，需要以自然资源业务场景需求为驱动，通过整合各类自然资源数据资源，深入推进数据汇聚、治理与融合，特别是要将全生命周期理念贯穿于自然资源数据治理过程，面向业务全流程开展数据关联治理，确保数据质量，为自然资源各项业务活动开展提供统一的"底数、底盘、底线"。

三、业务应用"一平台"

业务应用"一平台"主要是指国土空间基础信息平台。自然资源业务信息系统种类众多，建设时间跨度较长。资料显示，部分历史时期开发的业务信息系统，仍然未能实现数据、平台和业务的整合，仍然需要由不同部门从各自的业务应用需求出发，通过对业务模型和业务逻辑的梳理，完成数据库概念建模、数据库设计与功能模块开发以及系统统一部署。业务应用"一平台"是解决自然资源电子政务建设各自为政这一弊端的重要手段，其建设也有利于自然资源各类数据的整合与集成。

业务应用平台与自然资源"一张图"的关系是，业务应用平台建设主要来自用户业务需求，由自然资源的业务模型所决定，是自然资源数字化应用场景的统一总门户，也是数据服务、综合管理和业务应用的调度中心；而自然资源"一张图"建设则为业务应用平台提供了业务活动过程中需要使用的各类调查监测数据、地政矿政业务管理数据、国土空间规划数据、矿产资源规划数据及人口分布、社会经济等基础数据。

国土空间基础信息平台建设对于提升"数字国土空间"数字底座能力至关重要，是自然资源调查监测评价、土地用途管制、土地资源开发利用、矿产资源开发利用、国土空间规划实施监督、行政审批、行政办公、日常监管、分析决策、政务服务的支撑。通过数据中台和业务中台等关键信息设施建设，国土空间基础信息平台与自然资源"一张图"集成，为实现自然资源"一张图"数据统一管理、为自然资源各项业务应用系统的使用提供基础的公共服务支撑能力。

国土空间基础信息平台建设也是自然资源电子政务内外一体化联动的重要支撑。自然资源业务系统主要包括电子政务内网和外网运行的各类信息系统，内网运行的系统包括自然资源调查监测评价系统、国土空间规划监督实施系统、不动产登记管理系统、土地开发整治系统、基本农田保护系统、耕地占补平衡系统、地质灾害监测与预警管理系统、矿产资源规划与管理系统、自然资源督察和行政执法工作系统等。外网运行的系统主要包括自然资源门户网站系统、信息公开系统、公示公告系统和自然资源在线政务系统等。国土空间基础信息平台统一建设可以为来自电子政务外网业务的数据请求提供极大的便利。例如，依托国土空间基础信息平台的数据资源和数据访问服务，辅助实现各级自然资源部门政府网站信息发布、新闻公告和政务公开等。

国土空间基础信息平台与自然资源业务系统的关系如图4-2所示。

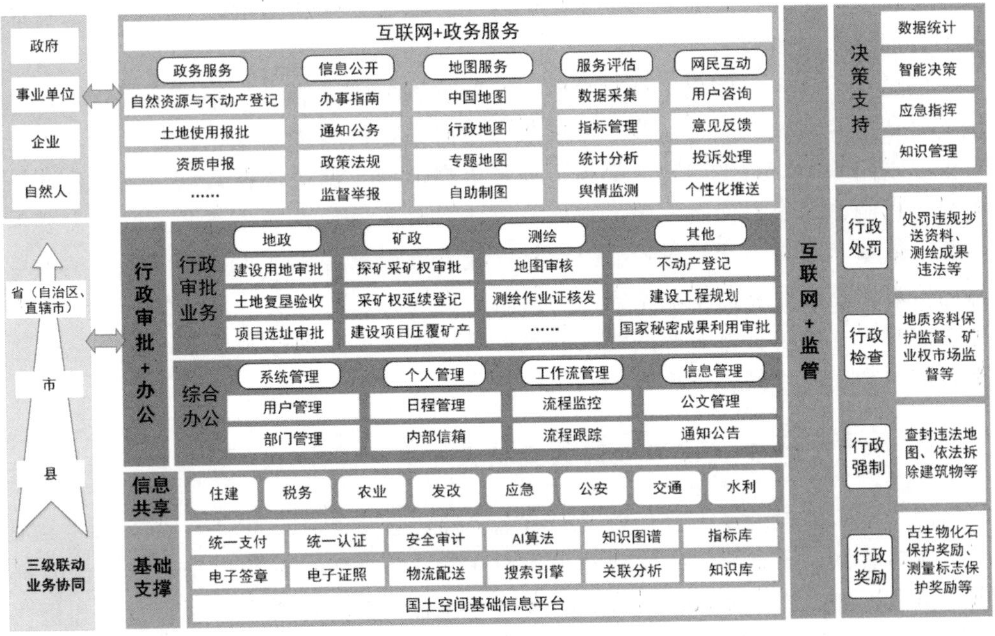

图4-2 国土空间基础信息平台与自然资源业务系统的关系

（一）国土空间基础信息平台与全国在线政务一体化平台的关系

国土空间基础信息平台与全国在线政务一体化平台的关系如下：全国在线政务一体化平台为自然资源政府服务提供统一的平台入口，而具体服务事项的处理仍由自然资源部门通过国土空间基础信息平台来完成。自然资源电子政务外网用户办理自然资源政务事项时，首先在全国在线政务一体化平台提出申请，经由全国在线政务一体化平台统一受理后分发至相应的自然资源部门。自然资源部门收到相关材料后，分别按照事项类别的不同，分发至不同层级部门处理，并将业务办理结果返回全国在线政务一体化平台，供企业和公众查询。自然资源在线政务服务事项的办理，仍然主要由各级自然资源部门在业务专网的相关审批业务系统上完成。自然资源在线政务一体化建设对自然资源电子政务内网和外网业务系统建设必然提出数据协同方面的要求。

自然资源业务网包括自然资源专网应用和外网应用两大类型的业务应用载体。外网业务应用方面包括在线政务应用（系统）、政府信息公开系统等。鉴于信息安全方面的考虑，政务专网和互联网业务应用必须通过物理隔离的方式以实现安全管理的要求。因而，自然资源在线政务行政审批事项往往以"政务网受理，内网业务网审批"方式办理，即由在线政务"一张网"在在线政务网站受理审批要件，通过数据交换平台将要件回传至自然资源业务专网，在国土空间基础信息平台提供的数据服务上完成审批后将结果返至在线政务网，业务数据交换和共享并非完全同步。

围绕在线政务一体化平台对自然资源数据的要求，为满足审批流程优化、审批材料精简、及时响应数据共享需求等应用需要，自然资源在线政务一体化建设对国土空间基础信息平台建设提出了加强数据治理、促进数据共享、完善业务供需对接机制建设等方面的要求。自然资源在线政务事项办理效率的提升，需要加强政务数据共享交换体系建设，以提高在线政务信息服务能力。在满足各地区各部门对自然资源业务数据共享需求的同时，实现与在线政务一体化平台的政务数据供需对接，推动自然资源在线政务数据服务和国土空间基础信息平台信息服务紧密衔接和业务协同一体化。

（二）分布式国土空间基础信息平台

国土空间基础信息平台一般采用国土资源云技术架构。依托自然资源"一张图"业务数据，通过分布式管理方式，平台为自然资源各层级应用和共享服务提供支撑。按部门和业务数据划分，形成多个分布式信息服务中心或平台，如横向上形成测绘分中心、地质分中心、土地分中心、地质环境分中心等，纵向上形成省（自治区、直辖市）级分中心、市级分中心等。不同层级的国土空间基础信息平台建设模式可能存在差异。例如，省（自治区、直辖市）级平台主要聚焦于全省（自治区、直辖市）信息化统筹和标准制定、数据归集和服务共享应用中心建设，而市级平台则主要聚焦于本级数据建设。物理分散、逻辑集中的建设模式是实现不同层级、不同部门数据中心数据一体化应用管理与服务的有效途径。分布式地理空间数据服务可通过 Web 服务接口访问的地理处理模型或功能耦合，创建更好和更增值的服务。

(三)自然资源大数据中心与云支撑环境建设

自然资源大数据中心是自然资源"一张图"的核心,也是国土空间基础信息平台建设的重要组成部分,需要以数据治理的规范化、系统化和智能化提升"一张图"数据应用价值。为避免重复建设,在统一数据标准和技术规范体系、强化数据治理体系建设的同时,需要打造坚实的技术支撑体系,建立统一的自然资源数据资源目录和数据统筹管理共享机制,以实现跨部门、跨业务、跨系统、跨行业、跨层级的数据关联和协同共享,为信息化成果复用和共享机制建设提供支撑。

云架构具有良好的可扩展性结构设计。可扩展的云计算架构的应用对于适应自然资源管理部门机构改革和业务需求的快速变化做出响应非常重要。从技术角度看,云计算架构代表着一种公共技术能力。在云架构中,数据可被系统中任何业务信息处理环节使用,通过高性能、易扩展的多元算力,结合地理空间信息技术、云计算的运行环境,可以更好地满足不同自然资源业务应用场景对地理空间数据和三维实景数据处理的需求。此外,云架构也有利于提高系统功能单元通用性、重用性、独立性和灵活性,以确保系统具有长期的使用价值。

(四)数据服务技术支撑能力建设

统筹云计算、物联网、视联网、地理空间计算、大数据、区块链、人工智能、工作流引擎、搜索引擎等技术方法,提升自然资源和国土空间变化态势感知能力,加强空间分析、统计分析、业务规则及决策模型等研发和工具部署等,提高业务数据智能化分析与决策支持能力,为自然资源调查监测评价、国土空间规划编制及实施、耕地保护、矿政管理、权益保护、生态修复、综合执法、自然资源监管监测、政务服务等各类业务应用提供技术支撑。

第五章

自然资源电子政务一体化建设总体架构与关键技术支撑

自然资源统一架构平台建设能够帮助自然资源部门实现电子政务建设的集约化和规范化管理。开发人员只需使用平台提供的接口和服务进行开发，通过提供统一的接口和中间件，实现不同系统之间的协同工作。统一架构平台是一种集成和管理多个应用系统和服务的平台，统一架构平台的核心是解决系统集成的问题，将分散的系统组织起来，形成一个整体。在运行维护方面，组织对系统的维护和保障成本较高，统一架构平台有利于组织将有限的资源集中到统一的电子政务平台进行管理。

采用微服务、人工智能等新技术，提供高稳定可靠、高性能响应、系统松耦合集成的架构支撑能力，全面支持跨域资源整合、移动互联、智能审批等需求，使得业务功能组件化、组件服务化、服务资产化，为业务流程的快速构建、重构、再造和优化提供坚实的信息技术和平台支撑，提高系统的扩展和集成能力。

第一节 基于思维导图的自然资源信息化集成框架分析

一、基于思维导图的分析方法

思维导图是由英国心理学家托尼·博赞提出的一种辅助思考工具，用于直观地显示某一个或一类主题的组成内容或信息项。思维导图最初用于笔记，但后来被推广到教育、科研、生产等各个领域,并被广大的学习者和研究人员所接受。作为一种组织和表征知识的工具,思维导图以图谱的方式,向读者展现了复杂事物各个组成部分的复杂联系,实现了复杂信息的扁平化表达,使得信息表达更易于被理解,也更容易管理、控制和维护。

思维导图可以使开发者和设计者建立关于某一事物组成结构、相互关系以及规律的想法和观点。人类关于某一事物完整概念框架的形成,主要通过以下两种性质的思维方式来实现:发散性思维和收敛性思维。由于现实世界中客观事物和对象的复杂性,针对某一客观对象的认识,往往需要从多个层面、多种角度对该对象的组成部分和关联因素以及内部的作用机制进行思考,通过发散性思维产生想法比通过收敛性思维评估和选择想法更困难。

无论两种思维在具体的研究过程中发挥着何种作用,对于人们形成对客观事物的认识、知识的生成或发现而言,两种思维都非常重要。人们对客观事物的思考及相关的认识和发现,都应该是两种思维有机结合的结果。两种思维的相互关系是:发散性思维可以帮助人们产生各种各样的想法或解决方案,为知识的创新和表达提供基础。而收敛性思维则依靠人们的智慧活动过程,可以帮助人们从各种纷繁复杂的信息中抽取和凝练出有价值的部分,形成关于某一客观事物认识的最具创造性的想法或解决方案。或者说,基于思维导图的知识生成是发散的过程和结果,是形成创造力的基础,是后续产生收敛的前提。使用思维导图,能很好地将使用者发散性和收敛性的思考成果存储为知识图谱。

二、一体化平台集成框架分析

自然资源电子政务一体化建设是一个复杂系统,集成框架构建涉及的各种要素众多,涵盖了业务体系、数据体系和应用体系建设等方面的内容。为了更快地在各种复杂信息之间建立自然资源电子政务建设各个组成部分之间的联系,梳理自然资源电子政务系统建设的思路,提炼出有价值的信息,并更清晰地表达各个部分的组成关系,这里使用思维导图的方式对自然资源电子政务一体化建设核心要素组成进行分析和思考。

5W1H分析法,从原因(Why)、对象(What)、时间(When)、地点(Where)、人员(Who)、方法(How)等六个方面提出了解决问题的一种思路。5W1H分析法能够帮助管理者和顶层设计人员产生大量的想法,并使问题分析更加系统化和精准化。5W1H分析法可以被用来辅助创建自然资源电子政务一体化建设的思维导图。

从信息化的角度来看,自然资源电子政务建设涵盖网络基础设施、操作系统、平台软件、数据资源、技术方法、管理体制机制建设和制度建设等方面的内容。为了创建自然资源电子政务一体化建设的思维导图，通过将 5W1H 分析法和头脑风暴相结合，可以将来自不同成员有关上述各个方面的思考和想法进行整合，并以思维导图工具记录下来，形成集成框架导图。

图 5-1 以示意图的方式表达了使用思维导图的方式对自然资源电子政务一体化平台建设体系和内容的相关思考。该图针对自然资源电子政务一体化平台的网络基础设施或网络载体、不同网络载体运行的业务系统和业务内容范围、所采用的技术支撑和方法体系、服务对象、平台应用领域等进行了划分。在制作思维导图的过程中，针对各成员提出的观点，将属于重复的部分进行了合并，形成关键词列表，并经过多次调整和迭代最终形成关系树形表达。

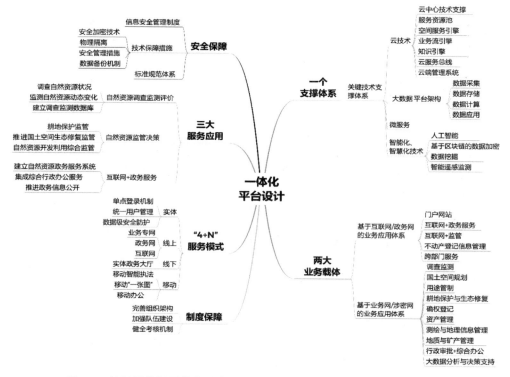

图 5-1　基于思维导图的自然资源电子政务一体化建设体系和内容示意图

第二节　自然资源电子政务一体化建设总体架构设计

参照自然资源部提出的信息化总体方案，自然资源电子政务一体化总体框架可以采用一个支撑、两大业务载体、三大服务应用、"4＋N"服务模式（见

图 5-2）。按照自然资源电子政务一体化建设的总体要求，根据履行自然资源管理"两统一"职责的需要，结合自然资源电子政务网络基础设施建设情况，统筹考虑自然资源电子政务专网和外网两类业务服务需求，筑牢一个支撑，筑实内网和外网两大业务载体平台，筑深自然资源调查监测评价应用、自然资源监管决策应用和互联网＋自然资源政务服务应用三大服务应用能力，融合发展实体、线下、线上、移动四种服务模式，为 N 种应用场景提供应用支撑和技术支持。通过自然资源电子政务一体化建设，形成"信息共享、内外联动、业务协同、安全高效"的自然资源电子政务建设发展格局，对内提高各级业务部门信息服务和协同运作能力，提升自然资源监测评价和监管决策管理水平，对外提高自然资源政务服务能力，创建人民满意服务型机关，推动营商环境优化，提高自然资源系统服务高质量社会经济发展能力。

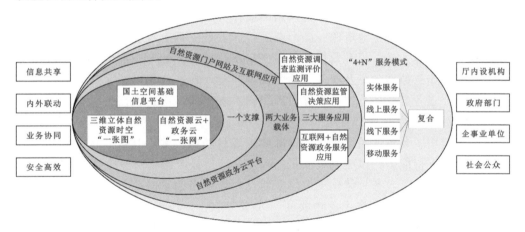

图 5-2 自然资源电子政务一体化建设总体架构（以省级为例）

一、一个支撑体系

自然资源电子政务一体化建设的支撑体系主要是指业务平台的统一建设。考虑到云平台和大数据技术的优势，自然资源电子政务建设应采用云计算的方式，并结合新一代信息技术的发展趋势，融入先进适用的人工智能、物联网、算力等领域的新型智慧基础设施。针对云计算、大数据、人工智能、大模型发展趋势，通过智慧基础设施包括基础网络、云计算平台和大数据中心建设，构筑自然资源电子政务一体化信息平台，实现基础设施的互联互通。通过"一云"共享的方式破除"信息孤岛"与"数据烟囱"，推动信息共享和安全机制建设。在纵向上，形成部、省（自治区、直辖市）、市、县四级业务联动信息服务支撑机制；在横向上，衔接地方发改、水利、应急、交通等数字化平台。

自然资源电子政务一体化支撑体系主要包括底层云基础设施、大数据数字存储和管理、数据资源共享运行维护管理和技术保障等方面。底层云基础设施建设包括服务器、存储、计算资源和安全性等关键组件。大数据数字存储和管理用于实现自然资源海量数据的统一编目和存储管理。在数据资源共享方面，针对不同的用户需求，按照不同的主题，构建和创新自然资源数据服务与共享服务模式，为自然资源各级部门的业务协同与管理提供一体化的信息服务。在运行维护管理和技术保障方面，通过制定统一的软件运行维护策略，如系统性能监测与优化策略、系统运行状况监测、日志管理策略、统一的用户认证和授权管理、数据迁移策略、数据备份策略、突发事件应急响应策略，构建安全防护机制等，实现数据综合管理、应用服务、安全管理、决策支持系统的综合集成。

高质量的自然资源数据是充分发挥自然资源一体化平台作用的基础和前提。在数据资源建设方面，按照一体化数据库设计要求，通过自然资源大数据中心建设，完善地质环境、土地资源、矿产资源等业务数据的标准化体系建设。在数据处理和信息服务方面，提升数据分析和决策支持能力。针对当前因数据质量而引发的跨部门业务数据共享及业务联动困难等问题，自然资源电子政务一体化建设需要重点加强各类业务系统的数据治理工作。支撑体系的建设需要具备高质量的自然资源数据整合建库、各类信息联动更新、自然资源数据统一管理能力。此外，数据应用服务系统需展现自然资源数据编目功能，并提升自然资源数据关联分析和决策支持能力，以更好地满足跨部门、跨层级应用场景下的业务需求。

自然资源电子政务一体化支撑体系建设也需要考虑新时期各类信息技术的创新，如新一代智慧感知技术、物联网、人工智能、区块链、数联网等技术创新，以促进基础支撑的先进性、成熟性、稳定性及可靠性，为自然资源各类数据应用和业务支撑提供分布式计算、实景三维、微服务、大数据分析、工作流嵌入、智能化等方面的支持，以保证业务可以更灵活地被切分、调度和构建，满足复杂业务环境下不同用户对自然资源信息服务的多样化需求，提升自然资源电子政务一体化平台的信息服务能力。

二、两大业务载体

按照国家对政府部门网络建设的要求，考虑到信息安全管理需要，自然资源电子政务的网络基础设施建设采用的是业务专网和互联网物理隔离的建设方式。因而，从业务运行的支撑网络基础设施来看，自然资源电子政务一体化建设业务承载的网络类型主要有两种：一是电子政务内网或业务专网；二是电子政务外网，即互联网。自然资源电子政务内网运行的系统主要包括国土空间规划、用途管制、耕地保护、生态修复、不动产登记、执法督察、地质矿产等业务部门的应用系统，以及政务版地理信息服务系统、行政审批和办公系统等。基于互联网的应用则主要集中于门户网站建设和全国在线政务一体化自然资源业务板块的系统建设，以及自然资源部门的信息公开服务、政务信息集成与发布、互联网版的地理信息服务系统等。

自然资源系统两大业务载体及其内外一体化关系图如图5-3所示。

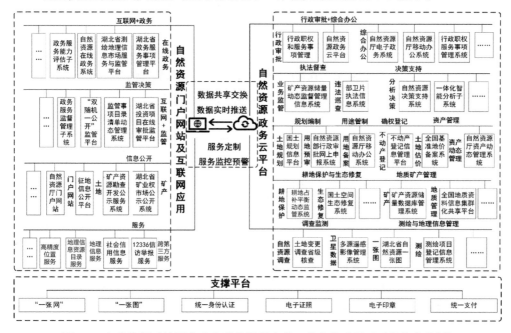

图 5-3　自然资源系统两大业务载体及其内外一体化关系图（以湖北省为例）

业务数据资源共享是自然资源电子政务内外网实行物理隔离条件下推动业务协同实现的关键需求。自然资源电子政务建设中的信息共享，不仅体现在内网中不同业务部门之间的跨部门信息共享需求，也体现在自然资源电子政务内网和外网各类业务系统之间的数据传输和数据共享需求。例如，自然资源电子政务内网中建设有大量业务信息，根据政策规定和信息公开的制度要求，不少内网的审批类、办公类及业务管理类信息需要定期发布到政务外网，由此提出了对电子政务网络建设物理隔离情况下内外网的业务协同和数据协同等需求，自然资源电子政务一体化建设需要针对上述需求予以考虑和设计，以实现日常行政办公、审批结果等业务信息与外网政务公开、信息公开等业务处理在数据共享方面的"一体融合"。

三、三大服务应用

三大服务应用包括自然资源调查监测评价应用、自然资源监管决策应用、互联网＋自然资源政务服务应用（如图5-4所示）。

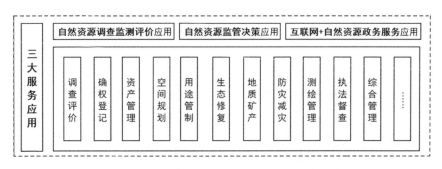

图 5-4　自然资源系统电子政务三大服务应用构成

自然资源调查监测评价应用体系建设内容主要包括：建立自然资源分类标准和调查监测系列规范；建设"天-空-地-海-网"一体化的动态感知网络；开展自然资源调查监测数据库建设；打造自然资源协同调查监管应用信息化技术体系，针对调查与监测数据的分析与评价及生态保护修复治理利用的效率分析与评价，发挥自然资源调查监测核心数据成果的综合效益。通过国土空间基础信息平台，共享自然资源调查监测数据成果。

自然资源监管决策应用体系建设内容主要包括：以自然资源数据底板为基础，整合集成社会经济数据、相关部门数据，开展自然资源大数据中心建设；构建全时全域监管与决策支持信息化机制；基于电子政务一体化平台的国土空间规划、自然资源调查与监测、自然资源开发利用、耕地保护、矿产资源开发利用、地质资料管理、自然资源资产管理、自然资源资产权益维护、生态修复、海洋资源监管、地质灾害与海洋灾害监测预警、决策支持系统、自然资源执法和督察等业务系统建设和活动开展；面向综合监管的数据综合分析；形势与战略分析和宏观决策支持等。

构建互联网＋自然资源政务服务应用体系，履行土地审批、矿业权审批、海域使用权审批及相关测绘、地质行业管理职责，汇聚各类信息资源，开展互联网＋自然资源政务服务系统建设相关工作，推动跨部门审批与各部门内部审批业务的无缝对接，推进土地、矿产、地质环境、测绘等领域的公共服务便捷化、多样化，为社会公众提供优质的自然资源政务服务。运用现代信息网络技术建立为民服务通道，开设网上查询、申请、审批、投诉、监督等业务功能，为全社会监督自然资源管理和开发创造条件。

四、"4＋N"服务模式

面向不同的应用场景，适应移动互联网发展趋势，面向政府、公众、企业等不同用户对自然资源信息服务的各种需求，依托自然资源政务云平台，分别构建桌面端应用和移动端应用，打通手机、平板电脑、个人电脑等多类型终端的应用衔接，为用户提供实体、线下服务中心、线上服务平台、移动App平台及小程序等服务模式，通过线上线下一体化智慧服务模式的跨界融合，为不同用户提供多元多端的融合信息服务。

■ （一）实体服务

因自然资源业务安全性要求，业务内容涉密，业务服务既无法通过业务专网提供，也无法通过互联网提供，或因网络基础设施建设不完善，无法通过网络提供，从而提供实体服务。实体服务一般不向公众提供，只针对特定获得授权的用户。为构建面向实体服务的安全体系，需要考虑以下几个方面：实施单点登录机制，统一的用户管理机制，数据级安全防护措施，用户级安全防护措施，入网访问控制，应用服务授权管理，访问监测与锁定控制，数据流向安全控制等。

■ （二）线上服务

线上服务主要是指利用业务专网或互联网向用户提供信息服务的方式。在业务专网内，主要依托自然资源云中心提供的各类服务和引擎，面向笔记本、台式机等桌面终端设备，为自然资源部门内部工作人员提供各种信息服务。在互联网平台，主要为社会公众、企业及其他政务部门提供自然资源在线政务服务、自然资源政务信息公开等业务功能。例如，通过与地方电子政务一体化服务平台的对接，基于互联网构建"一窗受理、并行办理"的网上办事大厅，办事企业和群众通过身份核验，通过在线提交申请，线上及时反馈受理结果，受理成功的申请被分发至相关部门进行业务办理，实现自然资源政务服务事项的线上统一申请、集中受理，满足企业和群众业务需求。

■ （三）线下服务

实体政务大厅是群众办事的主要渠道。为了方便服务群众，提高用户满意度，首先需要根据自然资源政务服务的特点，重构科学有序的服务管理体系，通过技术创新驱动政务服务内容优化重组；其次要搭建全程留痕的服务监督体系，利用视频记录办事全过程，提供多种渠道高效处理用户投诉；提供人性化、智能化的技术手段和服务举措。此外，在发展线上服务和线下服务的同时，应该注重将两者融合，提升用户体验和满意度。

■ （四）移动服务

移动端应用是指运行于移动终端设备、移动网或无线网上的各类应用程序和软件。自然资源移动服务的核心是将移动互联网、物联网、人工智能等新兴技术与传统自然资源信息化基建运营实景进行跨界融合，形成全智慧型的自然资源信息服务应用链。通过云计算、微服务、移动互联等技术创新，开展移动端开发工作，优化桌面端与移动端的数据融合衔接，通过移动政务服务的集成对接，实现移动政务服务分级运营、协同联动。例如，在移动"一张图"建设中，将基础地理数据、规划管控数据、土地及矿产管理数据，统一整合并装载至移动智能终端，将各类业务审查数据、监管数据及调查监测业务迁移至移动平台，实现调查、监测、举证、数据展示、数据分析、决策预警等业务功能的一体化，为用户提供随时随地的自然资源信息服务，进一步提高管理水平和工作效率。

（五） N 种应用场景

基于国土空间基础信息平台，面向自然资源政务服务、监测监管、决策支持等应用服务需求，构建不同主题的多维数字化应用场景。这些主题包括自然资源底线守护应用场景（耕地保护、用途管制、生态安全、资源安全、海洋权益、自然灾害等）、国土空间格局优化场景（自然资源评价、国土空间规划等）、绿色低碳应用场景（节约集约、生态修复）、权益维护应用场景（自然资源资产权益维护、自然资源资产管理等）、决策支持应用场景等。自然资源电子政务一体化平台是上述应用场景的基础。

第三节　自然资源电子政务一体化建设关键技术支撑

云计算、大数据、人工智能等是自然资源电子政务一体化建设的关键技术支撑。在云计算方面，自然资源部门需要构建一个以中台为导向，以容器、微服务、DevOps 等云原生技术为支撑，集研发、测试、运维和管理于一体的自然资源电子政务建设总体技术架构。其中，微服务、实景三维、人工智能和知识服务是该技术架构的核心。针对自然资源业务特点，建立以空间信息服务为特征的微服务标准规范和 API 标准，通过时空大数据池化、服务化，形成服务资源池。以此为基础，建立空间服务引擎、数据引擎、知识引擎和业务流引擎，通过云端管理系统对各种服务的开发、调度和运维等活动进行综合管理，为桌面端应用（国土空间规划、自然资源监测、行政审批与综合办公系统等）和移动端应用（移动办公、移动端系统服务等）提供智能化、自动化的大数据支撑和信息服务。

自然资源电子政务一体化关键技术支撑体系如图 5-5 所示。

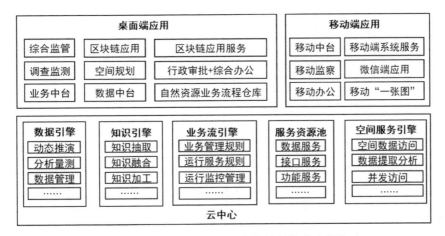

图 5-5 自然资源电子政务一体化关键技术支撑体系

一、云技术

云计算通过互联网按需提供计算资源的访问，降低成本，使组织能够快速响应不断变化的业务需求，计算资源不仅包括网络基础设施、算力基础设施如网络、服务器、存储设施等，而且包括应用程序和服务等软件资源。动态性和可扩展性是云计算的关键特性。通过对计算资源的合理配置，云计算能够以最小资源量为客户端提供高质量的服务。在自然资源电子政务一体化建设中，应用云计算技术架构将计算资源转移到云端进行统一管理和组织，能帮助用户摆脱传统软件安装、数据管理和本地计算资源需求访问等带来的烦琐工作和应用限制。此外，针对自然资源数据大多具有地理位置属性的特征，云计算模式也有利于自然资源数据存储和检索的地理空间应用、地理处理和空间计算服务发现、维护和服务共享等。

云计算提供了以较低的前期成本快速访问功能基础设施、应用程序开发平台、数据库或软件应用程序的服务，具有可共享性、可扩展性和降低成本等优势。在某种程度上，云计算是分布式系统、网格计算、面向服务的架构（SOA）和虚拟化等技术集合的名称。在云计算中，软件、平台和基础设施均可被视为一种服务。云计算从根本上改变了用户获取网络资源和使用计算资源的方式。针对自然资源网络中计算资源类型众多、业务系统林立的实际，通过使用云计算架构，采用虚拟化技术模拟独立运行的执行环境来访问网络计算资源的方式，节约了用户信息化建设成本，有助于推动自然资源电子政务建设由原单业务系统建设模式朝多系统有机集成、一体化方向转变。

（一）虚拟化技术

云计算中的虚拟机整合（VMC）是指通过将多个虚拟机（VM）整合到更少的物理服务器上来优化资源利用率的过程。VMC 是云计算配置中必不可少的策略，VMC 在云计算中具有重要意义。首先，VMC 有助于提高资源利用率，因为云服务提供商可以通过将多个 VM 整合到更少的物理机（PM）上来优化物理资源的利用率。这种整合可以更有效地利用处理器、内存和存储资源，减少浪费，最大限度地提高效率。其次，VMC 通过减少支持工作负载所需的 PM 数量，可以降低能耗和节省能源。虚拟机的整合通过降低硬件成本、维护费用和数据中心内所需的空间，为云服务提供商节省了大量成本。此外，VMC 也有助于增强云环境的可扩展性和弹性，通过采用软件应用与底层硬件相隔离的策略，使提供商能够轻松地根据动态工作负载需求来扩展或缩减资源。

自然资源数据中心的硬件系统和软件系统可以通过虚拟化实现多用户共享。虚拟化技术克服了传统的自然资源业务应用系统升级迭代过程中存在的多种弊端。例如，在硬件基础设施方面，云计算模式可以帮助自然资源部门更好地利用网络中闲置的算力资源。在软件开发方面，传统信息系统开发模式，应用程序与硬件以及数据库服务器之间往往存在紧密耦合的联系，业务系统的升级、新旧系统之间的数据转换和数据迁移、系统的维护和更新等方面均可能产生高昂的费用。采用虚拟化技术，可以将用户从纷繁复杂的软件架构中解脱出来，让用户更加专注于服务所需要的资源，从而最终节省用户在技术升级方面的资金投入、减少迭代过程的时间成本，在保护用户的投资的同时实现平稳过渡。

（二）资源池化与弹性调度

云计算将基础设施、平台、软件数据等网络资源都视为服务：基础设施服务、平台服务、软件服务和数据服务等（见图 5-6）。在基础设施服务模型中，云服务提供商使用户能够访问和使用托管硬件（如托管服务器、存储或防火墙），并可以安装自定义操作软件（如虚拟化操作系统）。在云计算中，计算和服务资源可以根据用户的需求动态利用和释放，对于单节点的计算节点和存储空间要求可随着业务需求增长而逐步增加。较传统 Scale-up 模式，云计算节省了数据迁移的代价，具有明显优势。

云计算的支撑环境主要包括基础设施服务和平台服务。云计算可以根据用户需求灵活扩展或缩减资源，以适应快速变化的业务需求。云计算也可以像其他实用程序一样访问云服务提供商提供的所需功能作为服务。在具体的技术使用方面，通过网络虚拟化服务，使用服务抽象层提供的功能，可以将各种不同的虚拟

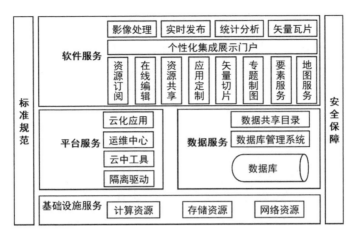

图 5-6　云中心支撑环境架构设计

化引擎平台整合在一起,由服务呈现层进行资源的再分配、管理和适用基础设施服务,以实现各类资源访问和调度管理等。

自然资源电子政务建设也需要考虑如何将广泛使用的地理信息系统(GIS)向云 GIS 技术方向迁移。GIS 是自然资源管理部门用于存储、收集、检索、转换和显示空间数据的重要工具,将地理空间信息系统与云计算的概念相结合形成云 GIS 技术,可以为自然资源用户提供更加广泛的地理空间信息按需服务。借助 VMC 和自动化管理技术,通过构建智能、高效的云 GIS 管理平台,VMC 将多个 GIS 资源服务池合并到一个单独的物理服务器中,可以帮助用户实现对 GIS 资源池中实例的自动化管理。同时,在云 GIS 环境中,通过自服务门户,用户也可以服务的方式直接使用 GIS 资源。因而,自然资源电子政务省(自治区、直辖市)、市、县一体化建设过程中,针对基层部门如县级自然资源部门资金较为缺乏、人才和技术保障力度不足等问题,采用基于云 GIS 架构,结合自然资源大数据中心建设,可以实现网络计算资源的集约化利用。计算资源不足的地区和用户,经由云 GIS 架构通过网络共用计算资源。

■ (三)云服务总线

云服务总线(CSB)是实现系统内外部之间服务能力互通的平台渠道,可以提供平台化的应用集成和服务开放能力,帮助自然资源管理部门打通、整合内外部新旧业务系统,实现跨环境、跨归属应用系统之间的互通集成和管控。通过云服务总线,集成整合自然资源厅部门内外新旧业务系统,梳理各项自然资源业务,将各系统以发布、订阅服务 API 的形式对外开放,并对服务 API 进行统一管理,实现自然资源内外部服务的安全可控、敏捷高效、互联融合。

自然资源部门电子政务一体化云服务总线设计如图 5-7 所示。

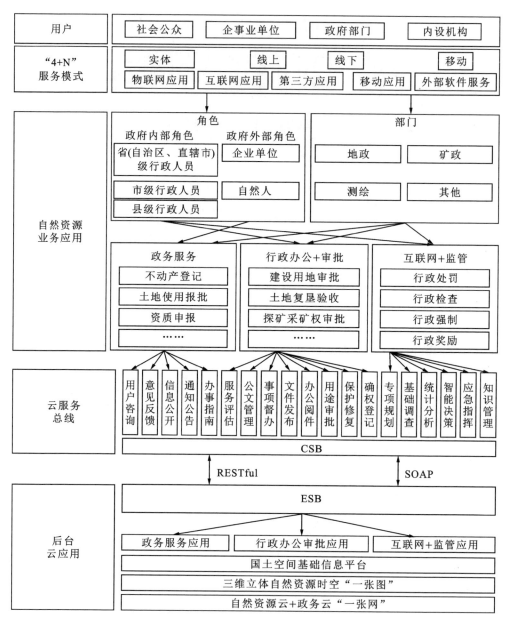

图 5-7 自然资源部门电子政务一体化云服务总线设计

CSB 整体架构分为五层，由上到下依次为：用户、"4＋N"服务模式、自然资源业务应用、云服务总线以及后台云应用。主要包括如下功能设计：数据库信息设置、服务器信息设置、服务注册、资源发布、服务管理、集群部署、系统监控等。

（四）面向服务架构

在面向服务的 IT 架构中，需要从服务的角度而不仅仅是从产品角度来重新思考信息系统的功能。作为软件规划和架构构建的一种新方法，SOA（面向服务的架构）遵循了高内聚、低耦合的设计思想。在 IT 架构中，服务一般被视为由小块功能组成的复合体，这些功能块向外部服务请求提供统一接口。在 SOA 中，服务通常并不是紧耦合的，而是具有可重用、可组合、可发现并被抽象等特征。因此，按照服务封装理念，SOA 能根据业务需求通过对各种服务进行分布式部署、组合管理和调度使用，实现面向不同业务场景的服务编排和组装，以快速响应业务需求变化，即服务可以根据实际业务需求自由组合。通过 SOA，使得服务能够更加灵活地应对业务需求的变化，保证架构的灵活性和可扩展性。

自然资源电子政务建设采用 SOA 的目标之一是提高自然资源业务价值和敏捷性。借助 SOA，将自然资源业务流程所需的计算机资源组织为服务进行封装，以达到以业务为中心的目的。此外，针对自然资源数据具有地理空间位置的特征，云计算也为海量空间数据的存储管理提供了新的思路。

SOA 采用面向服务、资源共享、统一注册、分级授权的服务组织模式与运行管理机制，主要功能包括通过服务注册中心来存储、管理服务，使用 ESB 服务总线来实现消息的接收和转发及消息格式的转换，使用服务控制器和服务调度器来负责接收所有外部服务的请求、服务调用，并通过服务访问结果来传输服务处理结果等。

二、服务资源池

服务资源池建设包括数据服务、空间分析服务、地图制作服务、用户访问请求服务、存储服务等。在空间分析方面，包括地理实体空间关系分析、遥感智能信息服务、动态推演等接口服务，以及空间服务引擎、业务流引擎、知识引擎、数据引擎等。通过各种服务、引擎的建设以及各类 API 建设，提高用户整合不同系统的能力。

（一）数据服务

开放地理空间信息联盟（OGC）制定了一系列地理信息网络服务（GWS）规范，涵盖地理空间数据的发现、访问、描绘和处理。此外，OGC 通过调整或扩展通用 Web 服务，制定了标准化的服务接口和数据模型以促进传统地理空间 Web 服务的集成。这些服务包括 Web 地图服务（WMS）、Web 栅格服务（WCS）、

Web 地图瓦片服务（WMTS）、Web 要素服务（WFS）和 Web 目录服务（CSW）等。同时，任何定义为地理处理服务的环境模型或地理空间算法都可以通过 Web 处理服务（WPS）接口进行访问。此外，其他标准，如 SOAP（简单对象访问协议）或 REST（具象状态传输）也可以在多种情况下用于类似的目的。这些标准增强了地理空间服务之间的互操作性，并降低了组合这些服务时的复杂性。

海量的数据正向自然资源大数据中心不断涌入，自然资源大数据中心需要不断创新方式来重新审视各类业务数据的访问架构，这类业务数据大多具有时空大数据特征。服务器资源池化技术的应用，不仅能够提高资源利用率，而且能够带来更加灵活的、弹性的计算资源部署方式，同时降低运维成本。

自然资源时空大数据主要包括基础时空数据、自然资源业务数据、自然资源业务管理数据、物联网感知数据、互联网数据以及跨部门数据等。不同类型的数据，需要发展针对性的池化服务。例如，针对地理实体数据，通过提供矢量数据操作和检索，用于获取地理空间数据，以便在 Web 上进行分析和查询，在实际中可以采用 Web 要素服务，允许用户以多种格式检索地理空间数据。针对地名地址，提供地名地址要素服务（WFS-G），以及基于位置的感知信息服务等。

需要池化的服务数据处理对象除了矢量数据外，还包括遥感影像数据和数字高程模型数据等栅格数据的访问和处理。这类池化服务包括 WCS 以提供对某一地理范围的数据访问，用于获取遥感数据和其他覆盖范围数据。WCS 允许用户以各种格式检索遥感数据和类似栅格数据。由于涉及自然资源管理的栅格图像数据量往往较大，地图瓦片服务也被用于将图像进行切割，以小图块地图图像方式请求特定级别和坐标的特定图块，而无须请求整个地图图像，以提高处理大规模地图时地图显示的效率和速度。

随着自然资源管理对实景三维数据的需求和重视程度日益加大，还需要对实景三维数据处理的相关服务进行池化，这些服务包括三维地形数据服务（3D-WTRS）、三维纹理数据服务（3D-WTTS）和三维矢量要素服务（3D-WFS）等。

（二）接口服务

API 是两个计算机应用程序使用通用双边语言通过网络相互通信的一种方式，以受控和管理的方式向潜在用户提供一系列服务。API 被认为是开发人员的领域，旨在加速交付并提高数字基础设施的健壮性和质量。API 调用主要用于从服务器检索信息并将其传递到客户端解决方案，该调用还包括提交请求后发生的所有内容。网络应用程序接口至少应包括 15 类，并应根据应用需要预留扩展空间。内部 API 促进了互连服务和业务流程之间的信息协作和访问，有助于用户提高工作效率，并创造新的用户体验。同样，API 可以向外部使用者公开业务资产，因而，即使超越组织边界，API 也可以创造业务价值。

针对不同的自然资源数据类型，需要发展不同的接口服务类型以支撑不同业务系统在复杂计算环境中的灵活调用。例如，针对基础时空数据，需要发展用于描述 GIS 应用工程属性的基本 API，用于地图要素的描述、操作及编辑的地图类 API 等。针对交互式操作的设计与开发需求，需要发展事件类 API 以了解和处理地图交互操作过程中来自用户的请求，完善控件类 API 以满足 GIS 中常用操作的需求，以及针对自然资源数据多格式、数据处理多平台的特征，发展数据解析类 API 以完成不同格式数据的读写和解析操作等。

针对构建自然资源一体化动态感知数据获取能力的发展趋势，需要发展基于物联网的实时感知 API，以实现感知设备定位、数据接入、数据解译、数据推送与数据调取等。

此外，在业务数据分析方面，需要发展历史分析 API、比对分析 API 等以支持统计分析和决策支持服务；在仿真模拟与推演方面，支持自然资源管理过程中涉及的自然现象（如水文模型、土地利用变化模型等专业模型 API）、自然资源开发利用活动的过程模拟、情景再现、预案推演等。

（三）功能服务

针对自然资源数据大多具有空间位置的特性，GIS 相关的功能服务是自然资源电子政务一体化平台建设的必选服务。GIS 是制图、统计分析、软件、硬件和数据的组合，它允许用户编辑和更改现有数据，并准确测量距离和面积。GIS 是自然资源地理空间数据管理、数据操作、数据捕获、数据关联分析、决策支持、成果表达和呈现的重要工具。使用 GIS，可以轻松绘制地图和实现地理可视化。此外，GIS 还被用作决策支持工具。

基于 GIS 的相关功能服务包括两个方面的内容：一是地图类功能服务；二是非地图类功能服务。

1. 地图类功能服务

地图类功能服务主要包括：矢量和栅格数据的操作，如支持地图缩放、测量、定位、数据加载、透明度设置、书签、分屏、标注、漫游、比例尺控制、平移缩放、卷帘、全图显示、分屏显示、地图切换、打印输出等；地理空间常用的计算，如距离、面积量测等；空间查询分析，如空间叠加分析、属性分析、最短路径、最佳路径、空间关系量算等；二、三维数据呈现一体化、动画展示和模拟仿真，支持动态投影，实现对海量空间数据和影像数据的快速无缝浏览等。

此外，还包括：地图数据的编辑和维护；地图样式的配置；地图和地理信息的创建、共享和应用，以及地图数据的加密处理、坐标转换、投影转换、支持文本、表格、图件的关联查看;空间条件和属性条件查询的结果分析统计,提供查询统计结果的多维度、一体化展示及输出等。

2. 非地图类功能服务

非地图类功能服务主要包括:对于各类业务数据等通用数据的分析,如频数分析、均值分析、方差分析、线性回归、对比分析、趋势分析、预警分析等;提供常规数据分析服务,使用直方图、饼图等方式表示,以及空间制图与此类图形的叠加分析。

■ (四)知识服务

自然资源数据已经不局限于结构化数据,而是结构化、半结构化和非结构化数据的混合。云计算环境下的相关服务也不再局限于数据服务和信息服务。传统的信息服务模式及信息管理技术无法满足大数据和人工智能时代半结构化和非结构化数据处理的要求。在大数据和人工智能时代,自然资源管理对于云计算技术的发展要求也逐渐朝知识方向转变,即将知识作为一种服务。

知识主要是数据加上语境上下文。自然资源知识包括但不限于通过如下途径实现:一是基于自然资源大数据分析形成的相关专题的信息时空分布规律、关联规则和时空演变等潜藏在大数据深层的规律和隐性联系,基于自然资源大数据构建知识服务引擎,池化为知识服务,此部分应用主要针对结构化数据,涉及模型库和方法库;二是通过知识搜索引擎,按照搜索规则实现对结构化或非结构化数据进行检索和查询,将满足条件的信息转换成知识并返回给知识门户;三是结合人工智能、自然语言处理、机器学习等技术,通过对用户需求和提出的问题进行理解,系统根据问题和知识不断匹配,对组织中沉淀的大量知识进行挖掘等。例如,使用ChatGPT作为服务,利用海量的知识数据训练智能问答系统等。具体的实例如下。

(1)趋势和风险分析:建立城镇化发展、人口分布、经济发展、科技进步、气候变化趋势等分析模型,综合研判国土空间开发保护现状与需求;支持开展情景模拟分析,识别生态保护、资源利用、自然灾害、国土安全等方面的短板及可能面临的风险;建立土地利用数量、土地利用质量、土地利用布局、土地利用结构、土地利用效率等分析模型,开展国土空间开发保护利用评价。

(2)智能问答服务:主要指基于聊天机器人的智能问答引擎设置。

(3)虚拟助理:主要指根据语音命令回答问题或完成任务的程序,对话式AI服务。

(4)数据挖掘:帮助管理人员快速高效分析海量数据中的规律和知识。

(5）搜索引擎服务：基于相关性快速从海量结构化数据或文档中查找用户的兴趣点。

三、空间信息服务引擎

空间信息服务引擎的主要作用是为用户访问大型的栅格数据和矢量数据提供统一的接口，因而，适合在国土空间基础地理平台中使用。使用空间信息服务引擎的优势在于：① 能够灵活访问不同类型和格式的数据；② 既支持访问本地数据源，又支持访问远程数据源；③ 包含常见的空间数据图层操作和常用的空间分析组件，可组合形成工具箱或工具面板；④ 可提供常见的用户交互操作功能，如针对地图的平移、缩放、漫游等；⑤ 可关联空间数据的访问，如图属关联等。空间信息服务引擎还可以嵌入工作流和基于数据科学分析的算法及地理空间分析模型等。自然资源数据包含了大量的地理空间数据，针对这类数据处理特点，往往需要引入空间信息服务引擎来实现对地理空间数据的访问和处理。

■（一）多源异构空间数据整合技术

自然资源大数据类型众多，包括倾斜摄影模型等实景三维数据、自然资源调查监测数据、卫星遥感数据、低空遥感数据、地面物联感知数据及视频监控数据、业务管理数据等多源异构数据。自然资源电子政务一体化建设需要增强各类数据的融合能力，在统一的三维场景中实现各种数据快速可视化。自然资源数据融合包括调查监测数据与地理空间数据融合、遥感数据与物联感知数据融合、二维数据与实景三维数据融合、业务数据与视频三维场景融合等。针对接入的多种来源、多种格式、多种形式、空间与非空间、结构化与非结构化数据进行空间语义关联，通过时间、空间维度将各类数据进行深度集成与融合，不仅支持地理编码、地址匹配，还可以针对视频、传感器等不同类别数据，建立与三维场景的融合算法，实现多源异构数据在统一三维场景融合展示。

■（二）海量空间数据组织与管理

数据的高效访问是由空间数据库管理系统来保障的。海量空间数据管理需要依赖多种技术：一是采用内存复用技术，以实现在物理内存一定的情况下运行更多虚拟机的能力；二是采用分布式共享存储技术，以提高数据的可用性和可靠性；三是采用自动精简配置技术，以提供存储超分配能力；四是采用分布式虚拟机交换技术，以提高网络的可维护性；五是采用自动化部署技术，以提高数据传输效率。

(三)海量数据浏览展示技术

海量数据可视化是通过将海量数据集成、分析、展示的方式来挖掘数据背后的价值。地理空间数据可视化是智能化空间分析和决策支持场景下应用的重要技术。地理空间数据可视化可将抽象的数据转化为图形、图表等形式,可以提高数据的可读性和易理解性,帮助用户做出准确决策。

与传统的图表展示不同,自然资源地理空间数据可视化展示较为复杂,不仅需要考虑基于时空数据多元存储模型,实现支持多维多尺度动态表达的时空大数据高效可视化方法,也需要考虑数据的时空特征和变化趋势的快速提取方法。特别是三维实景数据的建设和使用,对于如何降低大规模动态时空数据的实时渲染时间消耗和硬件性能均有较高要求。为提高响应速度和交互性,针对海量空间数据的访问也应能支持从概览到不同精细程度的分级访问,除了提供概览功能外,能够按照用户缩放要求实现更精细级别的数据访问。类似的技术还包括切片缓存技术等,以减少空间数据的管理和更新成本。

(四)动态投影技术

自然资源地理空间数据涉及不同的地理坐标系,动态投影技术允许用户在不同的地理坐标系之间进行即时切换和变化,以满足不同地理坐标数据的统一可视化需求。空间地理信息系统可根据数据展示和分析服务不同支持空间数据的动态投影。在数据浏览展示过程中,可自动转换为经纬度方式进行数据展示,提高数据的浏览速度;通过动态投影技术,实现数据在不同时间点上的变化趋势展示,帮助用户更好地理解地理空间数据的演化和发展趋势。

(五)空间数据访问与提取

自然资源地理空间数据库为任何支持的用户提供空间数据服务,提供开放的数据访问,通过 TCP/IP 横跨任何同构或异构网络,支持分布式 GIS 系统。

1. 并发访问

自然资源地理空间数据库往往需要处理并发事务的访问。用户对地理空间数据的访问应该是动态的和透明的,因此,数据库产品的选型需要考虑哪些数据库产品能够提供比较好的地理空间数据并发响应机制。

2. 数据提取分析

自然资源地理空间数据库提供基于属性、空间特征等需求的空间数据快速提取、格式转换和空间关系分析等功能,可进行数据裁剪与合并,开展空间查询、空间量算、缓冲区分析、叠加分析、网络分析、空间统计、空间插值、空间建模等数据处理业务。

(六)实景三维服务

1. 卫星影像地图服务

对原始的卫星影像进行专业处理,包括图像增强、辐射纠正、几何纠正、正射纠正、影像镶嵌、影像融合、图像裁剪、假彩色合成、主成分分析等,生成成果影像数据。

2. 实景三维生产服务

利用三维重建技术,结合高精度和全信息的大数据以及动态仿真建模、场景重建等技术,构建从地上到地下、全空间、室内、室外全覆盖的模型,快速还原现实三维世界,实现地下空间、地表基质、地表覆盖、海洋空间全域空间的三维表达,生成支撑各行业应用数据的数字底座。

3. 三维大场景分析展示服务

支持三维立体自然资源"一张图",拓展实景三维的业务场景应用,实现国土空间规划各要素从静态到动态的立体多维展示,实现二维和实景三维数据一体化和三维动态可视化管理。例如,将高精度矢量基础地理信息、数字高程模型、数字表面模型进行一体化整合,并辅之以高分辨率遥感影像作为背景,通过三维空间数据引擎和三维可视化技术实现对真实世界的三维立体表达和重现。

4. AR 地图服务

AR(增强现实)技术的特征是将数字信息(如图表、虚拟景物等)叠加于现实世界场景,让用户看到比现实世界更加丰富的信息,从而获得对现实世界事物更深的理解。在地图服务应用中,在地图中可以叠加驾驶信息、虚拟场景的变化等。在自然资源地图服务中,将全景相机和激光采集设备获取的自然景观全景影像和点云地图进行融合,借助智能手机应用程序、头戴式显示器或 AR 眼镜,将实际地物和用户所处的位置进行点云配准、特征提取,并与地图数据融合,可以为用户提供丰富的、沉浸式的互动体验。

5. 扩展现实(XR)地图服务

依托三维数字孪生的国土空间信息有机综合体,结合增强现实(AR)、虚拟现实（VR）、混合现实（MR）技术，通过手势、语音、触屏等操作方式，实现对各类数字对象的智能化操纵，如旋转、放大、缩小、漫游等观察功能，为使用者呈现更加逼真、立体的地图体验。

四、工作流引擎

工作流通过在计算基础设施上管理数据和执行应用程序来帮助实现业务流程的自动化。工作流可以由任何一系列操作组成，这些操作定义了合作伙伴和活动的结构组织、业务流程需要处理的内容以及由哪些角色来完成等。工作流能够把散落在各个业务系统的计划任务统一管理起来，实现任务的实时启停、实时调整、实时监控。大多数现代工作流软件都提供了图形用户界面。业务流程管理（BPM）提供了业务服务和业务流程的快速编排能力。通过工作流工具提供的有向无环图，用户能够轻松地对所有数据处理任务及其依赖关系进行建模，并以图形的方式表示任务的节点及任务的执行顺序。

工作流一般通过引擎的方式来帮助用户解释流程定义，并根据这些定义创建流程实例及管理和调度这些实例的执行。面向任务驱动和调度的工作模式使得工作流引擎能够对任务的每一次调度进行详细的排查，对任务的总体运行情况进行统计分析，从而对任务的调度周期、运行逻辑进行调优，促进业务应用系统高效和可靠运转。

工作流引擎一般包括以下几种功能：一是工作流的设计，提供图形编辑工具，方便用户轻松地创建和编写工作流；二是执行和监控，执行过程中通过使用不同的优化方法来减少工作流的周转时间，稳健的工作流还可以对各种资源进行有效监控，包括CPU内核、内存、磁盘和网络流量等；三是流程的复用，通过工作流软件提供的工具，工作流设计人员能够轻松地重用以前开发的工作流。与此相对应，工作流引擎需要实现业务规则库的管理、运行服务管理、运行监控管理。

■（一）业务规则库管理

主要包括：预定义标准化规则模块以及模块间流向关系；业务场景设置与流程模式划分（角色模式、账号模式）；业务逻辑和规则的模型表达和定义；已有业务流程样例存储、解析、调用、修改、删除和退回操作。

■（二）运行服务管理

主要包括：业务流程的装载与解释；业务实例的创建和控制，如实例的运行、挂起、恢复、终止等；外部应用程序的调用；数据的调用。

(三)运行监控管理

主要包括:对工作流的运行状态进行管理和监测;以图形化、动态列表、树状图等方式显示业务实例的运行情况;对异常信息进行响应。

由于大多自然资源数据需要涉及空间位置信息处理,在实际应用中,也需要考虑地理工作流的设计与应用。地理信息网络服务是 Web 环境中地理处理工作流的处理单元。许多传统的 GIS 桌面系统和遥感影像处理系统都提供了用户友好界面来构建流程链,例如 ArcGIS 中的 ModelBuilder 和 ERDAS IMAGINE 中的 SpatialModeler 等。用户可以将时空分布的 GWS 聚合为地理空间服务链,来满足自然资源数据的复杂应用需求。

五、知识计算引擎

知识计算引擎是指利用人工智能技术对海量的知识进行计算、分析和推理的系统。自然资源大数据隐含了丰富的领域知识,是自然资源知识的重要数据来源,知识的产生可以通过知识计算引擎来实现。

知识计算引擎的功能主要包括:明确语义规则;构建关系网络;语义挖掘。与此相对应,知识的生成可以划分为知识抽取、知识加工、知识发现、知识表示、知识服务、知识交互等环节。

(一)知识抽取

知识抽取是地理信息知识图谱构建的基础。自然资源领域知识,既可以来自半结构化数据和非结构化数据,也可以来自结构化数据。自然资源领域知识来源包括基础地理数据、信息化成果、文件材料、第三方数据、互联网公开数据等。自然资源大数据中心存储的各类数据主要以结构化数据为主,是自然资源领域知识生产的核心数据源。通过结构化查询语言,可以从数据库中检索或抽取出指定的一个或多个实体的属性以及它们之间存在的关系等事实信息,形成结构化输出,之后再对抽取的实体、属性和关系进行知识表示。

(二)知识加工

对于经过信息抽取和知识融合的事实,基于该领域知识的共同理解,从自然资源领域本体库构建出发,从领域本体、常识本体、知识本体、任务本体等角度出发,采用动态本体构建方法,从获取到的事实和数据中重构实体、属性和关系。运用算法工具,使用统计规则挖掘、机器学习、基于知识图谱的关系推理等知识推理技术，构建实体之间的关联，从而获得对事实新的知识，进一步扩展和丰富知识网络。

■（三）知识发现

通过学习、推理和计算等方法，从大规模的知识库中提取有用信息，发掘知识之间的关联和规律。推理方法包括逻辑推理、统计推理和机器学习等技术，以实现从已有知识中推导出新的知识。计算方法则可以利用图算法、矩阵计算和并行计算等，高效地对大规模知识进行处理和分析。

■（四）知识表示

常用的知识表示方法包括逻辑表示、图表示和向量表示等。知识图谱是知识表达的流行方式。知识图谱通过节点表示现实世界的实体，用边表示实体之间的不同关系，并以图的方式向用户提供实体、关系、事件、事实及其他方面的知识。知识图谱中的多条边具有不同的关系信息，从而可以产生不同的异构表示。因此，知识图谱也可用于表达具有语义丰富边缘的关系图。此外，知识图谱在信息检索方面也显示出有效性，并被广泛应用于搜索引擎、社交网络、推荐系统、时间序列预测、自然语言理解等领域。

知识图谱在自然资源电子政务相关系统建设中已经得到广泛应用。例如，在土地全生命周期管理中，有学者研究发现，新增建设用地报批、土地供应、不动产登记等系统中的业务信息可以使用知识图谱的方式进行表达。此外，使用知识图谱能够将分散于自然资源地政、矿政等业务数据库表中的信息、数据关联及业务链接关系按照业务领域聚集为新的业务知识，从而实现组织中的数据资源和信息资源价值在更高一级呈现、表达和被理解。通过知识图谱技术，将自然资源调查监测、国土空间规划编制、自然资源开发利用、耕地保护、生态修复等各类业务数据进行关联，进行知识的深度挖掘和推理，可以从复杂的业务流信息中建立起管理对象在不同业务活动过程中所呈现的在时间和空间上的复杂关联，从而为自然资源全生命周期管理和全业务流程管理提供全方位的信息支撑，提升自然资源监管决策效率和效果。

■（五）知识服务

1. 智慧问答服务

基于深度学习和语言技术等设计地政或矿政业务智慧问答系统，用户只需以自然语言形式提出问题，系统将自动解析问句语义信息，同时结合对话上下文,精准定位用户查询意图,向用户提供更加贴近用户实际使用需求的答案等。

2. 虚拟助理

基于语音识别技术和语言处理技术,通过对话式AI理解人类自然语言的含义,自动为用户提供仿真拟人化的参考咨询服务,根据用户的要求对大量环境报告、研究文献和政策文件进行快速理解和分析,为自然资源管理决策提供科学依据和建议等。

3. 数据挖掘

通过各种算法从海量数据中发现模式、规律,帮助了解服务对象的知识服务需求。通过收集用户的个人数据集,应用关联规则或聚类算法等,挖掘出用户的知识偏好,以便向用户提供个性化推荐,同时根据用户对推荐的反馈重新进行计算,优化偏好模型,调整匹配的知识的内容与形式,增强用户的满意度和服务黏性。

(六)知识交互

知识计算引擎提供多种方式和界面,使用户能够灵活地对知识进行交互和应用,包括文本、图像、语音等多模态的交互方式,以及在线应用、移动应用等不同的应用场景。

六、中台技术

云计算的核心技术之一是中台技术。自然资源涉及的业务和数据类型众多,各种应用系统林立,需要采用中台战略为各级自然资源部门提供快速、低成本的创新能力。中台战略的实施,不仅能够帮助自然资源部门快速找到用户需求多变情景下整合各种基础设施和计算资源的能力,实现不同系统的资源整合,也有助于避免出现传统自然资源信息化过程中部门各自为政、系统重复建设的不良现象,最大限度消除信息孤岛。

中台本质上是一种共性能力组织,涉及业务、数据、技术、算法和组织管理等方面的能力。根据服务层次的不同,中台可以分为数据中台、业务中台、技术中台、算法中台、模型中台以及移动中台等。其中,算法中台和模型中台也可被视为技术中台的一部分。算法中台是一种基于算法开发和应用的系统架构,其目的是为业务应用和数据分析提供通用的算法能力。当部分算法涉及地理空间模型计算时,此类算法也是模型中台。

（一）数据中台

数据中台提供基于数据资源/资产的数据服务，自然资源大数据共享中心建设的核心，涉及基础设施层、数据层、平台层和应用层等建设内容。在技术层面，数据中台的建设是为自然资源业务应用系统的开发提供存储及数据库服务支撑。作为前台和后台的有机衔接，数据中台的设置减少了后台的重复建设，并提高了前台的敏捷迭代能力。

数据中台建设需要以自然资源大数据中心为核心，通过自然资源大数据中心建设，汇聚分散在不同层级、不同部门的自然资源现状数据、规划数据、管理数据，通过整合和协同发改、生态环境、住房和城乡建设、交通、水利、农业农村、林业和草原等相关部门数据，通过对各类数据进行清洗、去噪、分类、标准化、整合和关联，形成支撑自然资源各项业务活动的能力。

针对自然资源各类业务，数据中台涉及的数据包括结构化数据、半结构化数据和非结构化数据。其中，结构化数据包括各类空间关系型数据、相关生产管理部门产生的社会经济数据、三维数据、物联网数据等，而非结构化数据则包括语音、视频、社交媒体数据等。

总体来看，自然资源大数据中心为数据中台的建设提供了海量数据存储和更新能力，而数据中台的建设则为自然资源大数据中心的统一访问、存储和更新提供了比传统计算模式更优良的解决方案，通过统一数据访问接口模式，数据中台的建设减少了上层应用的复杂性，提高了各个分层之间的独立性。

（二）业务中台

业务中台代表了自然资源核心业务能力，承载着自然资源部门的关键业务。业务中台的主要目标是实现业务能力的复用，将各个信息化建设项目的共通业务或可复用的业务能力下沉，整合形成通用的业务平台。解决业务中台业务能力复用问题是业务中台建设的关键。良好的自然资源业务中台设计，辅之以容器化技术 Docker、Kubernetes 等，能够帮助用户实现快速部署和自动化管理，提高部署和管理的效率。

业务建模是自然资源业务中台建设的核心任务。自然资源业务类型复杂，基于领域的建模是自然资源业务中台建设的有效方法。领域模型的建设贯穿于软件分析、设计以及开发的全生命周期和过程。通过将各业务应用系统的业务逻辑和底层技术分离开来，领域建模能够帮助用户划分业务的边界，实现不同部门关联业务之间的解耦。因而，领域模型反映的是领域内用户的核心业务需求而不是技术实现，是业务系统建设中较有价值的部分。

业务中台落地可以采用微服务架构来实现。微服务是目前公认的业务中台最佳实现技术，可以有效提升业务扩展能力，实现业务能力复用。在自然资源电子政务建设中，可以采用领域驱动设计（DDD）方法，将原分散于专网内各个部门和不同渠道的各项业务进行优化，通过对业务服务进行集成编排，形成以自然资源电子政务内外业务一体化融合为核心的业务中台。

■（三）技术中台

技术中台提供基础中间件和通用技术支持服务，向各个项目提供通用的底层框架、引擎、中间件。技术中台的特点和优势主要包括规范化、标准化、自动化、可升级等。技术中台主要包括以下内容。

(1) 业务流程管理，提供业务服务和业务流程的快速编排能力。
(2) 业务规则引擎，提供业务变化的规则化能力。
(3) 地理信息系统，提供业务应用空间服务能力。
(4) 计算机辅助设计，提供图形绘制和空间数据检测能力。
(5) 微服务框架，提供业务功能服务化与服务治理能力。
(6) 关系数据库，提供结构化数据管理能力。
(7) 数据转换工具，提供数据抽取、转换和加载能力。
(8) 协调服务，提供配置维护、域名服务、分布式同步和组服务等。

■（四）移动中台

移动中台提供基于移动化通用技术服务，是当前自然资源中台系统建设的发展趋势。移动中台建设本质上是对自然资源的各项业务应用在移动平台上实现移动化创新，涉及计算设备资源、数据等内容的整合与统一管理、统一利用，包括移动前端开发框架、移动小程序以及实现已有业务应用系统的快速移动化等。

尽管不同的系统在业务处理、系统功能界面呈现上有所不同，但后台支撑的系统，如数据抽取、数据管理、数据分析、算法工具等功能实现是类似的。前端的各种应用，均可以通过 Web Service 链接至中台系统，由中台系统以服务的形式，实现资源共享和数据共享。通过搭积木开发模式，将原子级的业务服务接入移动端。

七、大数据分析与管理

■（一）空间数据管理

空间数据管理是指对各种分布式、多比例尺、异构、海量的现状、规划、管理等空间地理信息进行存储、组织和利用的复杂业务活动。空间数据主要包括文件数据、全关系型数据、栅格数据、属性数据等结构化数据，以及网络媒体、社会舆情等非结构化数据。

（二）数据分析工具

大数据分析提供时空数据处理能力和数据仓库能力，对多源异构海量的自然资源大数据进行汇聚、集成、挖掘以及相关指标分析。自然资源部门根据从数据中获取的有价值信息做出实时准确的决策。数据分析工具主要包括以下内容。

（1）NoSQL 数据库，提供非结构化数据管理能力。

（2）Key-Value 数据库，提供数据高速存取能力。

（3）分布式文件系统，提供大数据分布式存储和管理能力，将数据存储在网络中多个物理节点上，实现在多台机器上存储和管理数据，提高数据的可靠性和可用性；同时要求数据冗余备份，提升数据的安全性，支持大数据集的存储和处理以及高效的并行访问。

（4）内存计算引擎，提供高性能的大数据分析计算能力，能大大提高数据处理的速度和效率，特别是在需要快速响应的大数据应用场景中，Spark 展现出强大的性能优势。

（三）数据流向与分层

根据数据流向自底向上划分为四层，分别为数据采集层、数据存储层、数据计算层、数据应用层。

1. 数据采集层

数据采集层主要包括以下内容：一是传统业务系统数据及半结构化、结构化数据的采集和集成；二是实时流数据的采集，包括实时传感器数据、定位轨迹数据及其他实时流数据；三是公共数据的采集，包括部、省（自治区、直辖市）、市等不同层级自然资源的数据交换等。对采集到的数据需进行抽取、清洗、转换和加载等预处理工作。

2. 数据存储层

数据存储层主要负责数据的存储和管理。由于遥感图像、地形等自然地理空间数据等具有多来源化、海量化的数据特性，数据存储层的设计需支持海量数据的存储扩展，并尽可能采用基于云计算分布式云存储系统方式设计，考虑与传统数据仓库或数据集市进行集成。为快速响应业务需求的变化，数据存储层的设计也需考虑动态业务变化环境下,在分布式存储模式中不同存储系统之间的快速切换能力。例如,利用 Hadoop 集群提供的存储能力扩展,实现对各类数据的多粒度信息融合,通过云资源调度模式,为计算层提供数据集支撑。

3. 数据计算层

针对自然资源地理空间数据、业务数据等所具有的多源、异构、海量等特征,需要发展新的计算模型,如采用基于云计算的并行框架等。数据计算层采用基于统一数据处理单元和计算模式微服务化的大数据分析框架,通过构建多种微服务簇网络,为应用层提供数据挖掘模型与方法(如分类、聚类、序列等);根据大数据分析需求和数据特征,可基于组件配置和服务治理技术进行各类服务的快速切换和灵活管理。

4. 数据应用层

数据应用层首先要满足大数据分析需求,包括基本的可视化与查询、展示、探索等,分析结果应能用于决策支持。另外,大数据系统本身管理方面,针对构件化和微服务设计,需对相关中间件进行设计,实现服务治理、组件配置、安全、接口等功能,以支撑存储层和计算层各类微服务的敏捷管理。

八、微服务

微服务架构是一种架构模式。与 SOA 相比,微服务有两个关键的独特属性:领域驱动设计和开发服务、服务端点使用 REST 通信协议;在轻量级容器中部署软件。此外,微服务的特点是低耦合,可以快速交付服务,并且在编程语言或数据源等不同方面服务之间具有独立性。这些特性带来了许多好处,包括允许比其他类型的软件架构更大程度地扩展应用程序。微服务架构中,服务之间采用轻量级的通信机制互相协作。考虑到开发成本和实现难度,保护用户既有投资及业务的连续运行,在分散的组件中使用微服务云架构,可使系统部署、服务功能交付和运行维护变得更加简单。

自然资源电子政务平台建设中,采用微服务架构可提高自然资源电子政务系统中业务功能服务化与相应服务的治理能力。随着数据的不断扩充和平台内容的持续增长,各项业务应用不断深入,越来越多的平台服务并发请求将给系统带来较大压力。采用微服务架构,以业务功能为边界,对自然资源各项业务进行拆分重组来创建应用的方式,相对于传统的单体架构,具有明显优势,其使得每个服务独立扩展(见图 5-8)。

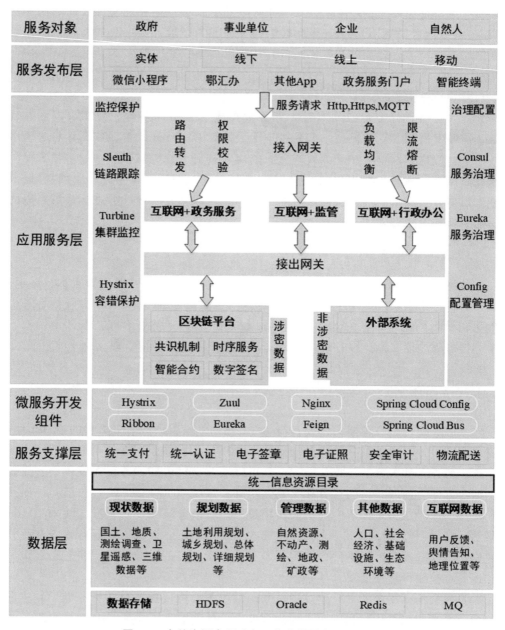

图 5-8 自然资源电子政务一体化微服务架构设计

微服务架构的应用，不仅有利于解决复杂环境下需求的不断变化引发的系统迭代升级困难，也有利于独立地进行开发、管理和部署。微服务架构可以与原有的单体式架构共存。在开发模式上，面临新的业务需求，微服务架构并不要求系统代码大规模重写，或企图一次性将整个系统重构为微服务架构。例如，针对现有自然资源业务的升级改造和业务功能扩充，可以根据微服务倡导者 Martin Fowler 提出的"绞杀"策略，即需要新增的功能和升级部分采用微服务架构，与旧的单体式应用集成，随着时间推移，逐渐降低单体式应用在整个架构中所占比例直到消失或者成为微服务架构的一部分，最终完成系统的迭代升级。

此外，微服务架构的应用也将提高异构系统间的互操作性。与微服务相关的标准协议解决了数据传输和平台异构两大问题，使得不同部门的业务系统能够包装成为标准的服务，并跨越平台和具体的实现机制，以实现不同应用系统之间的交互操作。

九、智能化、智慧化技术

■（一）物联感知

物联感知是大数据时代辅助自然资源部门提高监测和监管能力的重要环节，包括数据感知与数据网络通信传输两部分。数据感知是自然资源智慧管理的重要特征之一，主要用于提升自然资源各种变化的智能感知能力和执行能力，通过遥测遥感、实时传感器、摄像头、开发利用活动与行为监测等手段，实现对自然资源要素的识别、信息采集、监测和控制。数据网络通信传输的作用是实现自然资源信息传递和储存，主要包括通信网、电信网、互联网、物联网、移动网等。

■（二）国土空间基础信息平台智能化应用

大数据、人工智能作为新一代智能信息技术的核心，是国土空间基础信息平台实现智慧赋能和应用创新的关键依托。面向自然资源分析研判、管理决策、模拟推演等应用需求，以国土空间基础信息平台数据库建设为基础，依托高效的分布式计算框架，通过引入 AI 算法、知识图谱、影像智能解译、视频智能识别、大模型训练等智能技术的应用和创新，构建自然资源智慧中枢。以知识和智能分析为能力引擎，利用大数据和决策分析技术，通过知识库、规则库、推理库与人工智能算法的聚合，推进 AI 技术对自然资源的增智服务，提高自然资源治理的智慧化能力和水平。

■（三）智能遥感监测

基于深度学习的遥感影像信息提取大幅提升遥感数据解译和信息提取的精度和效率，为提升自然资源调查监管决策能力，建立高效、完善的自然资源遥感监测服务体系提供较为先进的技术手段。利用模型计算、大数据实时分析工具等，推动覆盖"天-空-地-海-网"的立体监测网建设，并可以实现自然资源的多维度实时监测。AI＋遥感的影像目标检测、自然资源分类、自然资源多时相变化检测，将为开展国土空间、资源变化、自然环境和综合治理等卫星遥感监测，为自然资源管理、生态保护和修复、地质灾害应对、综合治理、督察执法等提供重要的技术支撑。

（四）实景三维技术

以实景三维为空间基座，使用三维渲染技术和数据驱动引擎，构建从数据管理到场景分析、从模型建设到动态感知的一套完整的实景三维技术体系，将海量的地理信息数据进行三维化重现，实现对地形级、城市级和部件级实景三维模型的可视化表达，并将实景三维技术融入国土空间开发保护与修复治理的各环节，为数字孪生、城市信息模型提供统一的数字空间底座。

第六章

自然资源数据中心建设模式分析

按照"统一地图、统一规划、统一标准、统一平台"的要求，以国土变更调查数据库建设为抓手，统筹推进遥感影像调查监测、地面监测、物联感知等重点工作，集成应用卫星遥感、地面视频、无人机、外业调查、智能手机 App 等多元技术手段，以及大数据、人工智能、云计算等信息技术，整合各类空间数据资源，形成统一的国土空间信息"底图、底板、底线"，构建"物联感知—数据集成—数据处理—数据组织管理—数据应用服务"全流程数据业务处理一体化工作机制，建立"天-空-地-海-网"一体化自然资源调查和综合监测工程化业务体系，为"山水林田湖草沙"开发利用监管、耕地保护、国土空间规划编制及实施监督、城市体检评估、国土用途空间管制以及督察执法等业务提供支撑。

自然资源数据中心建设模式如图 6-1 所示。

第一节 自然资源数据构成与数据库类型概述

一、自然资源数据类型概述

自然资源数据类型主要包括现状调查监测类数据、规划类数据、管理类数据等。其中现状调查监测类数据包括遥感测绘、土地利用现状、矿产资源、地勘数据等。规划类数据包括规划红线、土地资源规划、矿产资源规划、地质与灾害规

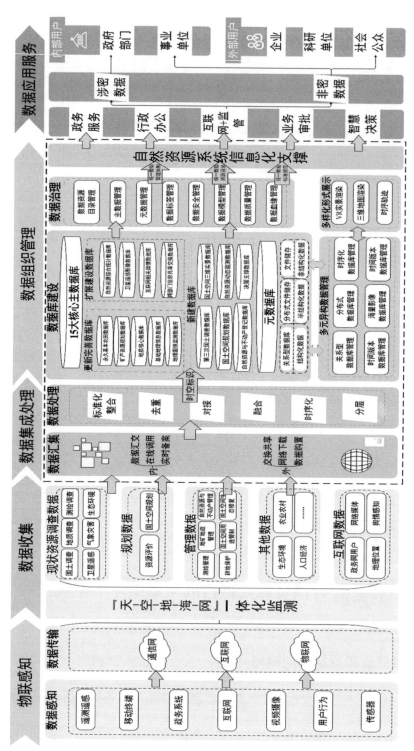

图6-1 自然资源数据中心建设模式

划等。管理类数据与具体业务活动相关，主要在业务活动过程中形成，如地政管理、矿政管理、地质环境管理等。此外，还包括社会经济数据。

由于数据的采集方式不同，不同类型的数据在格式和存储方式等方面也可能存在差异。例如，现状调查与监测数据中，往往需要使用遥感影像、无人机拍摄视频等数据以及实景三维数据等。

■（一）现状调查监测类数据主要内容

1. 遥感测绘

（1）基础地理信息，包括公路、铁路、水系、各级行政区、行政界线等信息资源。
（2）高分辨率遥感影像。
（3）系列比例尺地形图。
（4）地理国情普查成果。
（5）基础地质数据。

2. 地质及环境

（1）灾害防治，包括地质灾害与地质环境、地质灾害详细调查数据、省（自治区、直辖市）、市地质灾害重点隐患点、地质灾害防治网格化管理、地质灾害隐患核查、地质灾害灾险情速报及地质灾害巡查排查信息。
（2）环境治理与保护，包括矿山地质环境、地下水监测井基本情况等。
（3）环境监测，包括地热资源及矿泉水基本情况、地质环境项目索引等。

3. 土地利用现状

（1）土地利用现状，包括土地利用现状信息。
（2）耕地后备资源，包括不稳定耕地、新增耕地等。
（3）地政数据，包括城镇基准地价（含工业、商业、住宅与综合用地）、土地利用遥感监测信息、农用地分等定级等。

4. 矿产资源

（1）矿产资源现状，包括成矿区带、矿产资源储量（如原上表矿区、采空区等）、违法图斑、压覆矿产、采探工程等。
（2）地勘数据，包括区域地质矿产调查、地球化学调查、水文工程环境调查、矿产远景调查、页岩气调查评价、地球物理调查、地球物理异常、重点勘查区等。
（3）矿产地、矿产资源潜力评价。

(二)规划类数据主要内容

1. 规划红线

规划红线包括自然保护区、基本农田保护红线、生态保护红线及城市扩展边界等。

2. 土地资源规划

土地资源规划包括土地利用总体规划和土地整治规划。

3. 矿产资源规划

(1) 环境保护规划,包括矿产资源保护区、矿山环境保护与恢复治理区、矿山土地复垦重点工程等内容。

(2) 矿产资源勘查、开发利用规划。

4. 地质与灾害规划

地质与灾害规划包括地质勘查规划、地质环境保护规划、地质灾害防治规划、矿山地质环境恢复和综合治理规划等。

(三)管理类数据主要内容

1. 地政管理

地政管理涵盖建设用地"批—供—用—补—查—登"全环节的管理审批信息。

(1) 建设用地,包括建设用地预审、建设用地报批、增减挂钩试点等。

(2) 土地供应。

(3) 土地交易与回收。

(4) 土地整治。

(5) 执法监察。

(6) 不动产登记。

2. 矿政管理

(1) 设置方案与单元,包括已设采矿权、已设探矿权、矿业权编制单元等。

(2) 矿业权审批,包括采矿权审批和探矿权审批两类。其中采矿权审批涉及采矿申请登记、项目档案、矿区范围等；探矿权审批涉及勘查项目登记、受理、划定勘查作业区范围、探矿权出让等。

（3）矿山监管，包括矿山基础地质数据、地质调查、产量数据、采（探）矿监管、采（探）矿核查等。

（4）矿业权交易信息。

3. 地质环境管理

地质环境管理包括灾害防治、环境治理与保护、环境监测、执法监察等。

总体来看，自然资源数据之间是可以按照分层方式进行组织的，各类数据类型之间存在密切的联系。例如，新增建设用地审批业务中需要开展占用矿区分析时，地政管理数据需要调用矿政管理数据；地政管理、矿政管理需要调用地质环境管理数据开展地质灾害评估；执法监察业务贯穿于地政管理和矿政管理全过程，需要调用地政和矿政数据以及视频监测数据，实现对土地、矿山违法用地、矿山违法活动等的监察管理。

二、主要数据库类型

自然资源各类数据往往以不同种类的数据库方式而存在，包括基础地理信息数据库、永久基本农田数据库、地理国情数据库、自然资源动态监测数据库、土地调查数据库、土地利用总体规划数据库、建设用地审批数据库、自然资源确权登记信息数据库、矿产资源规划数据库、矿产资源储量数据库、矿业权数据库、地质环境数据库、遥感影像数据库、实景三维数据库等。

（一）基础地理信息数据库

基础地理信息数据与人类社会各项活动紧密关联，是国家空间数据基础设施的重要组成部分。基础地理信息数据的生产是一个复杂过程。作为数字中国地理基础空间框架的基本要素，基础地理信息数据在社会经济发展和国防建设中发挥着重要作用。作为测绘成果的一部分，典型的基础地理信息数据包括正射影像数据、地形要素数据、数字高程模型数据、数字栅格地图或地形数据、耕地坡度数据、扩展建设自然资源综合数据等。

（1）正射影像数据是指用栅格数据形式存储的、具有正射投影性质的遥感影像数据。主要包括以航空相片、遥感影像为基础，进行微分纠正和镶嵌得到的栅格数据。正射影像数据兼具地图几何精度和影像特征，具有获取便捷、直观逼真、判读良好、量测准确等特性。正射影像数据包括覆盖全部陆地国土的卫星影像或航空影像，是我国目前现势性较好、分辨率较高的影像数据库，其中优于

1米的影像覆盖约占全国90%以上国土面积。利用我国资源三号、天绘系列和高分一号等卫星，可对难以获取地面分辨率优于1米航空航天影像的区域进行影像补充。

（2）地形要素数据能形象地表示地表起伏形态和地理位置等基础地理要素，主要涵盖水系、道路、行政区、居民地边界、地貌与土质、植被覆盖、地名及注记等数据，能清楚表明要素间空间关系和相关属性信息。

（3）数字高程模型数据，即数字化模拟地表形态，用于反映区域地貌形态的空间分布的数据。数字高程模型数据主要包括1：5万、1：25万、1：100万三种比例尺，每种比例尺的数据库包括多个现势性版本。

（4）数字栅格地图或地形数据，主要包括1：5万、1：25万、1：100万三种比例尺，每种比例尺的数据库包括多个现势性版本。

（5）耕地坡度数据，按照≤2°、(2°～6°]、(6°～15°]、(15°～25°]和>25°等5个级别建设耕地坡度空间数据库。

（6）扩展建设自然资源综合数据，按照自然资源统计报表制度确定的指标，梳理土地、矿产、森林等各类历史自然资源资产综合统计数据，通过交换、协议、共享等方式实现各级数据汇聚，建立分级管理、联动更新的自然资源综合数据库。

（二）永久基本农田数据库

永久基本农田数据库的建立，是落实耕地保护政策的重要支撑，需要以全国国土调查成果为基础。该数据库汇集了永久基本农田数据库的农田图斑详细信息，如空间位置、面积、形态、地类、质量、保护责任及标志等。该数据库的建立，为基本农田的补划、管理、监督等业务管理工作提供了科学化、规范化、精细化的管理手段，在健全永久基本农田"划、建、管、补、护"长效机制建设方面发挥着重要作用。

（三）地理国情数据库

地理国情数据是国情信息的重要组成部分，记录了一定地理空间范围内自然资源分布状况、科技教育状况及社会经济发展、社会文化等相关信息。地理国情数据库的建立，需要以地表自然和人文地理要素相关调查工作为基础。地理国情数据库具有分层组织特征，即通常以基础地理信息为框架，以数字高程模型、数字表面模型为基底，以高分辨率遥感影像为覆盖背景，整合各类地表调查数据、地理国情要素数据、遥感影像解译数据等。地理国情数据库是地理国情动态监测等业务开展的重要数据来源。

（四）自然资源动态监测数据库

自然资源动态监测数据库是自然资源各项业务活动，如自然资源评估、国土空间规划、土地用途管制、土地供应、矿产资源开发、地质灾害评价等的基础。自然资源动态监测数据成果包括普查成果、基础性地理国情监测、专题性国情监测成果等。其中，以遥感、地理信息系统和全球定位系统为代表的空间信息技术，特别是 3S 集成技术，在自然资源动态监测数据库建设中发挥着重要作用。作为国土空间基础信息平台的关键组成部分，自然资源动态监测数据库的建设可以按照"物理分散、逻辑集成"原则进行，以满足各级业务部门开展业务活动过程中通过业务专网对各类动态监测数据的访问和调用需求，实现自然资源业务统计分析、核查比较和监管决策支持等功能。

（五）土地调查数据库

土地调查数据库的建立旨在通过系统整合、存储、管理和分析土地调查数据，为土地资源的规划、利用、监测和管理提供准确的信息支持。土地调查数据库建设内容主要包括基础地理信息、土地利用现状、基本农田分布信息、土地权属信息等。数据来源主要包括遥感影像数据、野外调查数据、行政边界数据等。土地调查数据库内容反映了土地资源的实际利用及变化情况。通过建立数据库表之间的完整性约束条件，确保数据的完整性和一致性。土地调查数据库的建设，为土地资源提供了数据查询、空间分析、报表生成、空间数据可视化等功能，以满足不同用户对土地调查数据的业务需求。

（六）土地利用总体规划数据库

土地利用总体规划数据库以土地调查数据库为基础，根据各级土地利用规划编制、修编、管理、实施和应用需要，利用计算机制图与 GIS 等，按照土地利用总体规划有关条例、规程和规定要求，结合专项规划计算机的辅助编制，通过建立规划数据与现状数据的链接，最终形成包含基础地理要素、行政区要素、土地利用现状要素、土地利用规划要素、权属要素等要素并具有管理、输出报表和出图功能的规划数据库。

土地利用总体规划数据库主要存储与土地利用总体规划相关的数据，主要包括土地利用现状数据、规划目标数据、规划分区数据、土地利用结构调整数据、重点项目用地数据、土地整治数据以及其他相关空间数据。这些数据涵盖了土地资源的空间分布、数量、质量、权属等多方面的信息。通过整合生态保护红线、耕地保护红线及各类国土空间规划、专项规划、详细规划等数据，形成分级管理、联动更新机制。土地利用总体规划数据库可为资源环境承载能力评价、国土空间开发适宜性评价、国土空间规划实施监测、资源环境承载能力预警和用途管制等工作提供数据支撑。

(七) 建设用地审批数据库

建设用地审批数据库是一个集成了土地管理、规划、审批等多方面信息的综合性数据库,主要包括新增建设用地报批、建设用地土地性质划分、审批流程管理、建设规划标准、审批结果记录、土地用途变更、空间地理信息、审批时间统计和数据库维护与更新等功能。新增建设用地报批的类型主要包括单独选址建设用地审批、建设用地审批备案等。当前,主要依托自然资源部垂管系统完成建设用地报批任务,以实现对建设用地报批业务全流程监管。在数据交换方面,建设用地报批所需的地理空间、土地利用现状、土地利用规划、土地利用指标以及建设用地项目等相关信息,可通过共享国土空间基础信息平台数据方式获取。

(八) 自然资源确权登记信息数据库

自然资源确权登记是一个复杂过程,包括调查、数据整理与确权发证三大核心环节。通过资料收集、划分自然资源登记单元、调查核实等步骤,明确资源类型边界及数量、质量、权属情况。以此为基础,整理调查成果,关联相关生态红线与特殊保护规定等信息,实现数字化管理。基于确权成果,通过审核、公告等环节,明确自然资源所有权主体及所有权代理行使主体、行使方式等权属相关内容,完成权属登记。

确权登记信息数据库融合空间、属性、图片、文本等数据,支持自然保护区、自然公园、矿产等各类自然资源的确权登记,提供自然状况和权属状况的明确信息,并与不动产登记、国土调查等信息实时关联,实现统一管理和实时共享。

(九) 矿产资源规划数据库

矿产资源规划数据库是矿产资源管理的基础数据库,是自然资源"一张图"核心数据库的重要组成部分,包含基础地理信息数据、基础地质数据、矿产资源现状数据、矿产资源规划数据等,提供数据查询与检索、数据分析与挖掘、数据更新与维护、数据共享与交换等功能。矿产资源规划数据库建设是矿产资源规划实施监管和评价、矿业权审批、矿产资源开发利用等业务活动的基础。在组成体系上,既包括省(自治区、直辖市)、市、县分级建立的矿产资源总体规划数据库,也包括省(自治区、直辖市)、市、县级和各类专项矿产资源规划的统一数据库。

(十)矿产资源储量数据库

矿产资源储量数据库主要包含对矿产资源储量数据的存储、更新及统计分析、报表生成等工作,为矿产资源的勘查、开发、规划提供决策支持。矿产资源储量数据库包括基础地理信息、基础地质信息和资源储量信息等。其建库主要内容为:以矿区为主要储存和统计基本单元,通过抽取矿区、矿山资源储量与质量、储量估算范围坐标等重要数据,获取相关资源未利用、占用、残留和压覆状态,为矿产资源储量管理提供业务支撑。

(十一)矿业权数据库

矿业权数据库集成矿业权等各类数据的综合性信息,通过数据的整合和共享为矿业权的规划、管理、开发和应用提供数据支撑和决策依据。矿业权数据库主要包括探矿权数据库、采矿权数据库和油气勘查开采数据库,所涉数据涵盖探矿权、采矿权、油气勘查开采对应项目的基本信息,以及探矿权、矿业权、油气勘查项目立项、审查、变更、登记、注销等业务信息,数据内容涉及从矿种分类到储量计算,从矿产资源状态、空间分布到品质特征,从变动历史到数据更新,以及数据库的结构与安全等。通过将现有的采矿权数据进行坐标系统转换、构建空间拓扑与索引标识和组织数据等措施,统一矿产分类代码、维度,整理数据字典、符号和表格等,实现矿产资源储量数据更好地与矿业权管理进行衔接和精准查询。

(十二)地质环境数据库

地质环境数据库包括区域地质调查数据库、地质灾害数据库等。区域地质调查数据库建设主要是对区域地质调查成果进行数字化,以满足不同用户对基础地质资料的使用需求。区域地质调查成果也是国家基础地质数据库的重要数据来源。该区域地质调查数据库的建设内容主要包括区域地质调查资料的整理、数字化、编辑及统一数据技术格式、坐标系等,通过数据转换与加载、分层组织整理、构建空间拓扑、维护数据字典与词表等实现数据库建设与管理。地质灾害数据库包括地质环境监测点、点状与面状地质灾害管理及地质灾害调查成果等。地质灾害调查成果计算机自动辅助制图、地理空间数据管理技术和关系数据库管理系统是实现地质资料数字化和数据汇总的主要技术支撑。

■ （十三）遥感影像数据库

遥感影像数据库具有海量、多源、多平台、多时相、多分辨率等特征，数据量庞大。遥感平台包括机载平台和星载平台，卫星、飞机、无人机等遥感平台获取的地球表面及其大气层的影像数据，具有广泛的应用价值，适用于环境监测、城市规划、自然资源调查、自然灾害评估等多个领域。面向服务应用的遥感影像数据库建设通常包括数据层、元数据层和应用层搭建。数据层主要指遥感影像数据本身，通常以栅格数据方式存储。元数据层主要用于存储与影像数据相关的元数据信息，通常以表格方式存储，以方便用户查询和管理。应用层则提供一系列工具和接口，使用户能够方便地进行遥感影像的查询、浏览、分析和处理。

■ （十四）实景三维数据库

实景三维数据库包含各种三维地理空间数据，如地形数据、建筑物数据、道路数据、植被数据等。这些数据可以通过多种数据源获取，如激光雷达扫描、摄影测量、三维建模软件等。实景三维数据库通常采用空间数据库技术。数据一般采用分层存储的方式，将不同类型的数据分别存储在不同的数据表中，并创建空间索引以实现高效的数据查询和检索。通过对实景三维数据进行预处理、模型重建、纹理映射等操作，实现实景三维数据的可视化、分析和应用，为城市规划、建筑设计、环境评估、灾害应急管理等工作提供支撑。

第二节　数据集成汇交模式与更新机制

自然资源数据具有多源、异构、多态和海量等特征，既有不同尺度、不同类型、不同时序的地理空间数据，又有不同业务环节、不同时间段的业务属性数据，以及各类栅格数据、视频流、实景三维数据等。因而，开展上述不同类型的数据整合工作具有高度复杂性。此外，自然资源各项业务活动的顺利开展，也依赖自然资源数据的准确性和完整性。总体来看，自然资源部门各类数据库的建设是艰巨而复杂的工作，需要由不同层级的自然资源部门、第三方服务以及利益相关方协同才能完成，必须形成严格的数据汇交流程规范，并建立数据更新协同工作机制。

一、数据汇聚

来自不同层级、不同业务部门的各类数据，需要按照统一的标准和规范进行汇聚，以实现自然资源空间数据的统一管理。不同层级自然资源部门采集的数据种类众多，针对自然资源地政、矿政、地质环境管理等业务类型，按照现状类、规划类、管理类等数据类型进行组织，在厘清数据类别、层次和关系的基础上，进一步整合农业、水利以及人口、经济、社会、互联网等与国土空间相关的数据资源，构筑以"天-空-地-海-网"一体化监测为基础的多源数据库，实现纵向上省（自治区、直辖市）、市、县不同层级的数据集中管理，横向上贯通地政、矿政、地质环境管理等不同部门，以促进数据汇聚和共享。

二、数据集成处理与入库

依托国土空间基础信息平台，在自然资源数据体系框架内，按照统一标准完成数据集成处理与入库汇聚，确保数据的完整性和准确性。通过逻辑与物理存储有机集成方式，将不同来源的数据，如现状调查监测数据、规划数据、管理数据等多种类型进行分类和整合，并通过各种严格检查措施如剔除重复或无效数据等，以减少结果数据集的冗余和不一致，提高数据支撑业务分析的能力。在数据处理的内部，实现数据的汇交，加强数据的在线调用能力，并做好数据的实时备案；加强数据的交换共享，并提供网络下载与数据购置服务。

数据入库工作包括基础地理数据入库、专业数据入库、管理数据入库，以及针对这些数据的元数据生成等。针对来自多应用场景的多源、异构、海量数据的处理工作，需要省（自治区、直辖市）级或部级自然资源部门加强数据分类标准制定工作，为各级自然资源部门提供数据处理业务指导、工作规范和基本遵循。就所承担的相关数据建库工作，各级自然资源部门必须严格按照标准和规范，从空间、属性、时序、比例尺、格式、数据访问、数据完整性、数据准确性、数据匹配性、数据关联性等方面，对数据进行标准化整合、纠错、去重、对接、关联、融合、时序化、分层等处理，以保证自然资源大数据体系建设的有序性，推动自然资源时空数据、业务数据和管理数据的有机融合。

三、数据更新机制

自然资源管理对象和业务数据始终处于变化之中，需要自然资源部门对调查监测数据和业务数据进行动态更新。例如，自然资源调查监测数据，由承担单位和部门完成调查后将所形成的数据成果汇总和提交至上一级部门数据中心，完成数据更新或同步，以确保数据准确性和完整性。数据更新机制主要包括批量更新机制、增量更新机制、同步更新机制。

(一) 批量更新机制

批量更新机制是指将某一范围或某一类型的数据进行整体更新的工作机制。例如，在集体土地所有权确权登记和土地调查等数据更新汇交中，通过整理已有电子数据、纸质材料等数据，结合外业调查数据，对数据进行规范化处理和整合关联处理后，将形成的空间数据成果和非空间数据成果以电子档案资料，采用离线方式进行更新，同时保存原有数据，以保证未来需要时供复核、分析、对比使用。

(二) 增量更新机制

增量更新机制是指数据来源发生变化或更新时，将变化或更新的内容进行整体提交的工作机制。增量更新机制只对与原数据库中数据相比产生增量的部分进行更新。其中，变化信息的提取以及将变化信息有机融入目标数据库并确保目标数据库最终能完全反映数据的变化，是实现增量更新的关键。相比批量更新机制，增量更新对原有数据库在完整性、关联性、日志管理等方面的设计要求更高，但更新数据量小、数据更新速度快。相比非地理空间数据库的增量更新机制，自然资源数据库由于涉及地理空间数据的增量更新，包括点状、线状、面状等地物数据更新和拓扑关系的检查和重建，其增量更新机制需要考虑的技术因素更多，也更复杂。

(三) 同步更新机制

同步更新机制是指将不同数据库中的数据通过网络进行更新和同步，确保不同数据库中的数据保持一致的工作机制。例如，利用数据交换系统，将实时更新数据汇交到核心数据库中，实现数据同步。同步更新机制的优点是能为用户提供最新、准确数据，从而避免因数据不同步导致的业务活动迟滞，提高信息服务能力。

四、数据组织管理

面对跨部门业务数据共享需求，按照"一数一源一主体"数据管理要求，建立科学高效的自然资源数据治理体系，将上述数据按照统一数据管理机制、统一数据资源目录、统一数据标准规范汇入国土空间基础信息平台，支撑自然资源业务系统建设。

(1) 核心数据库设计规范：核心数据库的设计必须严格遵循相关标准和规

范，数据库表和字段的命名规则需要和业务含义、行业术语匹配，尽可能不出现理解上的歧义。核心数据库的设计必须遵循关系数据库的相关范式要求，比如设置主键、外键、非空值、域等数据约束条件来确保数据的完整性，通过建立数据索引来提高数据查询效率等。不同数据库中的数据若在业务上存在关联，其关联字段和关键字的命名规则应尽量规范和统一，为将来业务全流程信息检索、业务全生命周期管理提供便利。

（2）数据整理与整合规范：数据整理与整合在概念上有所不同。原始数据通常较为杂乱无序，需要对原始数据进行加工和完善，数据整理的目的是使数据更加条理化，其分类和业务意义也更加明确。数据整合是将不同来源的数据，按照一定的规范，经过清洗、转换、合并、汇总之后形成新的数据。两者都必须制定相应的规范，以免整理或整合过程中漏失有价值的数据。规范的制定，也有助于实现数据的溯源。

（3）数据服务接口规范：明确数据的访问方式、访问范围、访问条件、用户和使用权限等。

（4）数据同步机制：明确数据同步的触发条件、同步的时间、同步的方式、同步的内容，确保理应相同的数据在不同数据库中保持一致，以避免数据不同步带来的业务处理差错。

（5）数据入库检查规范：开发相应的工具，检查数据格式、数据值域、数据类型、数据之间的关联、数据参照性约束条件、数据编码规范等是否符合要求，保障数据入库的质量。

（6）数据管理规范：明确用户的权限，数据的保密管理规范，数据编辑、更新、访问的条件，数据的使用范围等。

将数据按照不同格式分别划分为结构化数据、半结构化数据和非结构化数据，针对不同数据类型分别采用关系数据库、分布式文件储存等进行整合，建立分布式的自然资源"一张图"数据存储，形成"物理分散、逻辑集中"的存储模式。采用关系数据库、分布式数据库、海量影像数据库、三维空间数据库、时序化数据库、时间版本数据库等，构建适应多源异构数据的管理架构，开发统一的数据库管理系统。基于基础地图可视化开发框架，开发地理信息地图与服务功能模块，以三维地图、实景VR、时序轨迹等多样化形式展现统一的数据底板。

第三节　面向全业务生命周期的数据治理模式

自然资源数据可能存在如下问题：① 各部门的业务标准不同，导致数据的标准不一；② 数据精度不一，导致不同精度的数据重叠；③ 数据要素不齐全；

④ 不同业务数据之间缺少内在关联信息，需要加强数据治理工作。数据治理的主要工作内容包括数据整合、数据抽取、数据标准化、数据质量检查等。

一、数据整合

数据整合主要包括空间数据整合、投影转换、拓扑重建、非空间数据整合等。

（一）空间数据整合

自然资源空间数据包括基础地理数据及地政、矿政、地质环境等专业数据。基础地理数据包括不同比例尺的基础数据、遥感影像数据等。按照统一的标准规范，开展数据整合，并将其纳入统一的数据库进行存储管理。专业数据主要包括土地、矿产、基础地质和地质环境等调查、规划、评价、用途管制、监管等业务产生的数据等。不同来源的数据可能具有不同的格式，针对同一对象，在不同的数据来源中，数据库表结构的定义和属性描述可能并不相同，需要采用数据清洗、抽取等方法进行修正或统一。

（二）投影转换

按照投影相关标准，确定空间数据的投影方式，将不符合标准的投影进行转换。

（三）拓扑重建

根据业务需要，将待整合的数据库中的各类数据，按照对象的类型通过分层方式进行提取。按照地理空间数据存储规范和要求，重建要素图层的拓扑关系，并对提取的要素图层进行抽取和归并，保证要素图层的准确性、空间拓扑关系的唯一性。

（四）非空间数据整合

非空间数据主要指地政、矿政、地质环境管理等业务过程中产生的数据。这类数据往往具有随业务流程变化而变迁的特征。针对这类业务数据特点，往往采用微服务和数据调用接口方式与空间数据进行集成整合，并与国土空间基础信息平台数据进行共享和交互。管理数据往往运行在各自的业务系统中，由各层级自身的业务管理系统进行维护更新。自然资源大数据中心根据业务管理系统对各类数据的需求提供统一的数据访问接口和服务进行调度，使业务管理属性数据与地理空间数据能够实现一体化的浏览和分析。

针对部分业务数据仍然分散在各个不同业务部门的实际，需要将各类业务数据、空间数据按照统一的数据标准进行整合，形成完整的数据集中管理基础平台。一般采用自下而上的方式，以县级自然资源部门为单元，完成县级的数据整合之后，统一上报到市局。由于各县区的数据情况不同，数据质量参差不齐，因此需要各县区根据自身情况，结合省（自治区、直辖市）、市厅（局）下发的数据汇交标准，将所有数据进行汇总，从而为省域和全国自然资源数据整合奠定基础。

二、数据抽取

针对不同层级及业务处室提出的外部数据使用需求，通过 ETL 工具搭建数据抽取模型，将包含在自然资源大数据中心能力平台中的外部数据抽取到自然资源一体化数据库中，扩充外部数据内容。如对业务专网现有空间基础信息平台的数据库进行梳理和分析，按照政务版国产化基础 GIS 和数据库平台的要求，利用数据治理工具对现有的数据进行分析转换等。

三、数据标准化

按照统计分析或者行政审批需要，以相关数据标准为依据，对抽取的外部数据或者其他未经标准化的数据进行数据格式、字段格式的标准化。

（1）剔除无效数据。检查各类空间数据的冗余情况，去除冗余数据，剔除无效数据，保证整合后以图层为主的地理空间数据及业务、属性等非空间数据具有完整性和唯一性。

（2）规范化梳理。参照相关规范和标准以及制定的工作方案，对同一类型要素图层名称编码、属性表达进行规范化处理，查漏补缺；对不同要素图层上的相同字段属性值的编码、属性的名称、字段类型、字段格式、值域等进行规范化处理。

四、数据质量检查

按照自然资源数据管理相关标准规范体系，对入库数据进行质量检查。建立数据质量评估指标体系，形成数据质量报告，提升数据可信度。对通过质量检查的数据按照核心数据存储方案进行数据入库，形成核心数据库。

数据质量检查内容包括数据规范性、真实性、完整性、有效性、一致性、准确性、合理性、关联性等方面的检查。按照检查对象和数据的类型分别进行检查，如数据库完整性、数据目录完整性、图层完整性、表格数据完整性、元数据完整性、数据有效性、元数据规范性、属性结构规范性、属性数据有效性等方面的检查。

数据质量检查方法分为全检和抽检。全检是对数据中的所有个体进行逐一检查，并根据相关标准或要求判定其是否合格。抽检是从数据中抽取适当数量的个体作为样本，对其进行检验，并根据检验结果和相关规则判定数据是否可以接受。例如，从全体数据中随机抽取单位产品作为样本，采用统计和概率相关理论对样本数据的质量和全体样本数据质量进行评价等。全检和抽检统计情况是判断数据质量的重要依据，数据质量检查需要形成质量评估报告。

数据质量检查工具，既可以通过人工核查方法，如通过屏幕显示或输出，与原始数据进行核对，针对自然资源数据具有海量、多源等特征，也需要充分运用计算机技术手段开展计算机辅助检查比对。对于关键数据或重点数据，或者重点数据项，一般要求进行全检，以确保自然资源相关业务不中断运行。对检查量大、检查过程复杂和需要人工检查的检查项，可以采用抽检方式，以实现数据质量检查过程中全检和抽检方式之间的平衡。

（一）空间数据检查

图形数据采用人机交互的方式，以计算机程序验证为主、人工验证为辅。计算机程序检查主要是采用预先设定好的方式进行检查，如对坐标系统、投影方式、空间位置、图形拓扑规范性等的检查。

（二）属性数据检查

属性数据检查内容既包括数据结构性、数据准确性、数据有效性、数据缺项等方面的检查，也包括属性数据之间数据关联性、属性与国家制定的相关规定符合性检查等。如《第三次全国国土调查县级数据库成果质量检查细则》，明确要求提交数据库控制面积与国家规定行政区控制面积一致等。

（三）图属关系检查

根据系统数据结构，将数据导入相应数据库中，检查图属信息是否可关联、不同图层间关联字段是否保持一致。

针对自然资源系统平台业务数据，制定各类填报数据的质量检校规则，包括字段类型检查规则、数据格式检查规则、填写内容检查规则等，提供空间数据图形一致性、数据表字段空值率、值域符合性、拓扑关系检查等功能。

(四)完整性检查

完整性检查的要点是根据相关标准和规范,检查空间数据、非空间数据、元数据是否完整。所依据的标准和规范有《国土资源信息核心元数据标准》《基础地理信息数字成果元数据》等,可用于检查土地利用要素注记、基本农田保护、地类图斑、线状地物、建设项目标准等。

(五)一致性检查

一致性检查主要包括同一图层各字段间逻辑一致性、控制面积与国家规定行政区控制面积一致性、表内横向逻辑一致性、表内纵向逻辑一致性、表间逻辑一致性、图图关联一致性、数据格式一致性、要素图层个数和字段属性一致性等。

第四节 基于业务逻辑的数据关联治理与数据融合

一、重建逻辑关系

数据的逻辑性体现在数据空间逻辑性及数据与业务的逻辑关系等方面。

数据空间逻辑性是指自然资源地理空间上的逻辑关系,或者不同对象之间可能存在的从属关系,例如,当线状地物被删除时,该线状地物上对应的从属对象相关信息也应该被删除。一个对象的改动或创建,需要审视其关联对象的改动和变化。数据空间逻辑性的建立,需要按照整合目标要求,对不同要素层间的实体对象进行调整,以反映现实世界中不同地理空间实体之间正确的、合理的逻辑关系。

数据与业务的逻辑关系往往是指数据的正确性和准确性方面还受自然资源业务因素约束。自然资源数据往往经由不同数据生产环节或业务环节产生,因此最终形成的数据必须符合业务约束条件。例如,在地政业务关联方面,结合地政业务具有"批—供—用—补—查—登"流程特征,对业务数据关联性进行梳理。在数据库设计上,需要考虑流程之间的关系,并按照流程之间的关系对数据逻辑关系进行重新组织,以满足数据生产全生命周期管理或业务管理信息全流程检索需要等。

二、数据关联模型

不同系统之间的数据关联融合是复杂工程。从业务全流程视角来看，自然资源管理的不少业务，如地政、矿政以及行政审批业务等具有全生命周期特性。因而，从全生命周期出发，预先建立不同系统之间的数据关联非常重要。这种关联，从数据库设计视角来看，主要通过数据库表中的关键字段或者码来实现。

从不同的角度来看，能够承担关联功能和作用的码有多种类型。如从业务角度来看，行政审批业务的批复文号、地政相关业务系统中针对特殊地块有业务流程生成的电子监管号等，都可以成为不同系统之间的关联桥梁；从自然资源管理的角度来看，自然资源对象，如地块、某一矿产资源本身，在不同系统之间记载时，由于相对比较恒定，也可以作为关联码。因而，一些方案针对不同系统之间的数据关联设计，往往采用地理实体（空间图元或地块）作为自然资源对象在空间、时态和业务方面的数据关联标记，并为不同业务应用场景提供以基础地理实体、现状实体、空间规划实体和不动产实体为单元的数据关联图谱。

人类对自然资源的开发和利用活动是一个不断变化的过程，因而，现实世界中自然资源对象及其业务属性在一定的时空域内并不是永恒不变的，而是发展变化的。因而，无论是使用业务码，还是使用地理对象的标识号作为关联码，在具有优点的同时，都不可避免地存在一些不足。建立不同系统之间的数据关联模型时，仍然需要根据应用场景需求、用户习惯及业务理解等因素来确定。

从应用场景来看，使用业务码来作为关联字段，是一个较好的出发点。例如，在不动产登记系统中，通过使用不动产相关登记号作为起点，来实现该不动产单元的"批—供—用—补—查—登"全业务流程的信息检索（如果该不动产单元早先的土地用途属于新增建设用地），以建立不同业务环节的业务码和自然资源所承载的地理空间实体之间的关联。以此为基础，逐步开展自然资源全业务与行业专题等各类数据之间的知识图谱和数据关联模型设计，并为服务自然资源决策管理提供数据血缘分析成果。

总体来看，从应用场景需求出发，来建立不同系统之间的数据关联模型，是相对比较合适的方案。针对不同数据类型，根据业务关联分别调用不同规则实现数据关联融合，以实现业务数据、空间数据之间的关联融合处理。例如，应用场景如果与自然资源权益管理关系较为密切，则可以通过个人身份证信息来实现跨专题数据的快速关联，或通过法人所在的地址来建立空间数据的关联融合等。

第五节 自然资源业务数据一体化分析与应用服务

通过完善数据基础建设，以自然资源大数据中心建设和国土空间基础信息平台为基础，构筑数据共享和服务共享机制，搭建自然资源信息服务门户网站，为辅助审查、监测监管、数据查询、流程监管、报表分析、决策支持等提供数据分析和应用服务，满足跨行业、跨层级的信息服务需求。

一、数据资源目录

统一数据架构、统一数据组织存储、统筹软硬件环境利用，为国土资源全业务提供服务支撑。作为自然资源大数据体系的主要实现形式，"一张图"已经在规划、国土等领域得到广泛应用，需要在原有数据基础上进行整合建设和更新完善。

依托自然资源大数据中心建设基础，面向自然资源调查监测评价、监管决策、政务服务等应用需求，遵循"先进成熟、稳定高效、安全有序"的原则，拓展自然资源数据应用服务领域，从政务服务、行政办公、"互联网＋监管"、业务审批、智慧决策五个方面提供支撑服务。

在提供数据服务的过程中，根据法定的数据密级，采取相应的方式保存数据。对于涉密数据，以自然资源业务网和专线网络系统为依托，整合各单位和各部门现有的数据中心资源，并建立涉密数据调阅区域，供内部用户（政府部门、事业单位）进行调阅；对于非涉密数据，完善数据共享应用机制，根据自然资源管理的业务需求和服务社会的需要，按照相关规定，向内部用户和外部用户（企业、科研单位、社会公众）提供数据服务。

二、数据管理与专题制作

支持按照部门、主题、行业等维度进行目录组织和划分。同时依据资源目录标准和目录层次划分，提取、录入资源目录的元数据信息，作为数据采集、入库、共享和交换过程中需要参照的基准。

数据安全处理，充分考虑"统筹管理、全面汇集、统一标准、共享使用、保障安全"等原则要求，按照制定的保密接口标准和服务接口对数据进行偏移处理；对地理空间数据涉密信息、属性信息等进行脱敏，得到一套可以在政务网上使用的三维立体自然资源时空一体化数据库。

数据建库是指采用数据库技术，基于数据库平台，采用技术手段实现多类型、多尺度、多时相海量数据的一体化存储、组织、管理和维护。

三、数据服务发布

数据服务发布主要是对三维立体自然资源时空一体化数据库中需要发布的数据快速封装为 Web Service 服务。服务类型包括网络地图服务、网络矢量数据服务、网络覆盖服务、网络瓦片地图服务、数据透视服务、数据分析服务、目录和元数据服务、地理编码服务、空间查询服务等，支撑用户看图、用图要求。

四、场景应用服务

以自然资源大数据中心建设为导向，基于统一的数据标准，在前述各类数据库建设基础上，针对土地利用规划、土地用途管制、矿产资源开发利用等业务应用场景，为业务统计和决策支持提供服务支撑。

（1）土地利用规划：主要包括土地利用现状分析、土地利用总体规划分析、土地利用规划修改分析等。

（2）土地用途管制：主要包括城市总体规划占压分析、自然保护区占压分析、建设用地红线占压分析、临时用地占压分析、设施农用地占压分析、永久基本农田补划分析、增减挂钩分析、行政区占压分析、补充耕地项目范围分析、补充新增耕地范围分析、永久基本农田占压分析等。

（3）地质环境管理分析：主要包括地质灾害易发区分析等。

总之，通过数据挖掘、数据计算模型形成可复用、可扩展、分级分类的多元化数据产品，在获取各部门、各系统的数据的同时，将数据红利返还给各级业务部门，实现自然资源数据资产价值显性化和增值化。

第七章

面向全流程的地政业务数据关联一体化建设模式探索

针对加强地政业务数据治理和全流程智能化一体化信息关联需求，本章试图从土地全业务流程管理角度出发，以新增建设用地报批业务为例，基于业务环节分解和重构逻辑，运用"码-码"关联和知识图谱的表达方法，探索自然资源地政领域不同管理部门业务协同和数据共享一体化的建设思路，以期打通不同业务系统在系统层面和数据层面的双重壁垒，以使不同层级、不同业务部门能从任意业务环节切入，检索该业务环节涉及的前后关联环节数据，从而为业务系统分散建设情景下地政业务全流程信息检索的关联模式提出相应解决方案和实现路径，以期为类似情景下地政、矿政、地质环境管理相关业务的关联查询和一体化检索模式的实现提供参考，为推动自然资源管理跨部门业务信息的检索向协同、高效、智能化、一体化方向发展提供借鉴。

第一节 基于全流程视角的地政业务体系概述

《中华人民共和国土地管理法实施条例》从法律和制度层面为自然资源管理部门履责界定了地政业务管理的基本范围，主要包括土地调查、土地等级评定、国土空间规划、土地利用计划管理、新增建设用地报批、耕地补偿制度建立、土地用途管制、永久基本农田管理、土地划拨、土地出让、土地整理、土地集约利用、土地征用或征收、地籍管理、土地督察和执法、土地统计等业务。

从业务依赖视角来看，上述不同业务并不是独立分离的，自然资源地政管理各项业务之间存在着密切的依赖关系和业务流程前后关联。例如，国土空间规划业务的开展，需要以土地资源调查工作为前提；而土地利用年度计划指标的制定，又需要以国土空间规划成果和自然资源调查成果为依据。土地用途管制中的新增建设用地报批业务，则需要检查新增建设用地报批是否涉及土地征用或征收环节以及符合耕地占补平衡政策方面的要求等。新增建设用地报批、土地征用或征收、耕地占补平衡政策符合性检查等各个业务环节，则需要以土地调查、基础地理测量等业务工作所获取的数据作为决策基础。

新增建设用地报批是自然资源地政业务体系中实现土地用途管制管理目标的核心业务，也是地政管理的关键业务环节，与其他业务如土地调查、土地利用总体规划、耕地保护、土地征用或征收等业务存在紧密联系。当前，围绕如何划分自然资源电子政务建设过程中新增建设用地报批业务的流程和业务环节问题，学术界和业界已经基本达成了一致的认识，即可划分为"批—供—用—补—查—登"各个环节。

事实上，从业务依赖和数据依赖的视角来看，该业务流程并不仅仅限于上述六个环节。由于新增建设用地报批业务与土地利用计划、国土空间规划等业务之间的紧密联系，新增建设用地报批业务的开展需要土地调查数据作为支撑，因而，现有以"批—供—用—补—查—登"为核心的地政业务流程建模仍然可以进一步扩充，有必要对其进一步完善，以从全局视角深化对自然资源地政业务全生命周期性质的理解，并为当前系统分散建设情景下全流程业务数据跟踪难与回溯难等问题的解决提供有效方案和思路。

鉴于新增建设用地报批业务与土地调查、土地利用计划、国土空间规划、自然资源生态修复各项业务之间的复杂联系，以及在线一体化政务建设对新增建设用地报批业务的信息服务需求，结合当前国内对"一码管地"相关进展的研究，笔者认为，针对地政业务流程建模，对现有新增建设用地业务"批—供—用—补—查—登"等业务环节进行拓展，即补充土地调查、土地利用计划、国土空间规划、生态修复、自然资源在线政务服务等相关业务内容，形成调（自然资源调查）、规（国土空间规划）、定（年度计划指标制定）、批（新增建设用地报批）、征（土地征用或征收）、供（土地供应）、用（土地利用）、查（土地督查）、登（地籍管理与土地登记）、服（在线政务服务）、补（耕地占补平衡）、护（生态修复与保护）等12个业务环节（见图7-1）。从上述环节来看待自然资源各类地政业务的基本特征、不同业务系统之间存在的依赖关系和前后关联，从这一视角来探究地政业务系统全生命周期的性质及其一体化建设模式，具有典型性。

第七章 面向全流程的地政业务数据关联一体化建设模式探索

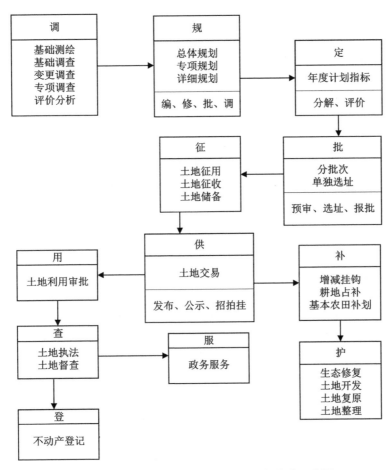

图 7-1 全流程视角下自然资源地政业务关联示意图

第二节 新增建设用地报批业务系统构成与存在问题分析

一、新增建设用地报批系统构成

新增建设用地报批业务是地政业务的核心，是土地用途管制相关管理目标得以实现的关键业务环节。针对新增建设用地报批业务中不同的业务单元，如建设用地报批和建设用地供应等，在过去的几十年中，自然资源管理部门分别开发了不同的业务应用系统进行相关业务支撑。当前，自然资源部门使用的系统主要有土地利用计划系统、建设项目用地预审备案系统、土地市场动态监测与监管系统等。

（1）土地利用计划系统：主要用于实现建设用地指标的配置和使用，如计划下达、使用情况及针对计划的全程跟踪等。

（2）建设项目用地预审备案系统：包括业务导航、行政区导航等功能。主要提供对不同层级的新增建设用地报批的拟件生成，主要记录建设用地上报项目相关信息。主要用户包括系统管理员、部级用户、省（自治区、直辖市）级用户、市级用户、县级用户等。

土地市场动态监测与监管系统：主要用于监测和监管土地市场的运行情况，主要记录供地项目相关信息，用于实现对土地供应与需求信息、闲置用地、土地利用状况、土地价格、土地交易等相关信息的管理。通过该系统，用户可以直观地了解到土地市场供需情况、价格变动趋势以及土地利用状况等重要信息。

二、新增建设用地报批系统建设存在的问题分析

新增建设用地报批业务涉及的信息系统建设年代大多较为久远。从流程视角来看，不同的系统在建设用地报批过程中所处的业务环节不同。尽管该业务使用的信息系统在流程上存在前后关联或业务依赖关系，但不同层级、不同用户在报批业务建设过程中的侧重点和需要完成的任务不同。囿于已往系统建设缺乏顶层设计、标准体系建设滞后及技术开发条件和业务应用场景等方面的约束和限制，在数据建模方面，不同业务系统之间的数据关联机制建设不完备。例如，现有不同系统采用的编码方案各异，导致不同业务应用系统之间未能形成统一的可识别和关联的标识码。同一地块或同一建设项目，在不同系统中的命名原则、数据库结构定义等并不相同，缺乏主键和外键的相关定义，导致已往分散建设模式下所建立的不同业务系统在地块相关标识码、数据库表的关键字定义等方面未能实现关联或统一，不同部门业务监管数据统计口径存在不一致等问题。

上述类似现象与问题，不仅在新增建设用地报批业务系统建设中存在，在不动产登记、矿政等相关业务系统建设中也比较常见。例如，在矿业权登记信息方面，目前自然资源部门使用的系统包括探矿权管理信息系统、采矿权管理信息系统、矿产资源勘查开采统计与形势分析系统、科技管矿系统，不同的系统均建有独立的矿业权登记数据库；在矿业权管理方面，包括探矿权登记、采矿权登记、绿色矿山监管、矿产资源勘查开采公示、矿产资源开采执法监管等业务环节。与新增建设用地报批业务系统建设类似，矿业权管理中涉及的不同业务环节在业务逻辑上同样存在业务依赖关系和业务流程前后关联，但现有系统建设存在各自为

政、分散建设的现象，未能从全生命周期流程视角实现对自然资源业务管理的信息化支撑。

针对当前自然资源电子政务建设过程中不同业务系统之间数据关联性缺乏、无法实现对业务进行全流程管理等问题，国内学者纷纷从土地全生命周期数据关联模型、数据图谱、不动产全生命周期等视角展开各类研究，并兴起了"一码管地"管理体系建设、面向全生命周期管理的地政业务系统建设思路与应用、国土资源"一码管地"系统的设计与实现等方面的研究和探索。

张颖基于"一码管地"的理念，从深化"互联网＋自然资源政务服务"视角出发，从地块编码方法角度入手，通过加强对地块编码的唯一性管理，来记录地块在不同业务环节中的流转，推动自然资源规划和自然资源在线政务事项审批的高效办理，以期打破当前存在于自然资源部门中不同业务系统之间的数据鸿沟。研究表明，以国家标准和行业标准为指导依据，通过构建和完善不动产单元设定与代码编制规则，能够为地块的全生命周期管理模式的建立提供相关理论和技术支撑。

吴颖、王将来、徐蓓蓓针对数字时代背景下自然资源部门对建立土地全生命周期数据关联模型的紧迫需求，从信息本体论视角出发，厘清了地块和业务之间的逻辑联系，制定了地块与业务编码规则；依托人地关系理论，通过完善数据库关联规则设计，建立地地索引表、地业索引表和业业索引表，以主、外键方式就业务、人、地块之间的基本关系建立关联；结合知识图谱表达形式，还开发了原型系统，对所提出方法的可行性和适用性进行了验证。研究和实践结果表明，该方法可快速可靠地构建土地全生命周期数据关联模型，所形成的建设思路和方法能够为自然资源数字化改革提供参考和借鉴。

张丹、陈晓茜、牟紫微以省（自治区、直辖市）级层面的"一码管地"模式为研究对象开展了相关探索。作者认为，针对自然资源部门特别是土地管理相关部门存在的跨部门业务协同不足、跨层级数据共享不充分、全流程信息关联较弱等问题，需要加强地政业务相关系统的顶层设计，在建立统一的土地管理相关编码体系的基础上，研发省（自治区、直辖市）级层面的编码系统，并以湖北省为例开展了探索性研究。研究成果表明，当前湖北省推行的面向"一码关联""一码合规""一码全息"等的地政业务系统建设关联模式，对于省（自治区、直辖市）、市、县自然资源地政业务关联一体化建设具有重要参考价值。

总体来看，伴随着自然资源电子政务建设的不断深化，从全生命周期视角，针对自然资源地政、矿政等业务全流程信息化管理的需求日益迫切。针对已往新增建设用地报批业务相关系统建设模式遗留的各种问题，有必要厘清新增建设用地报批业务中不同业务系统间的数据关联问题，建立不同业务系统所涉及的业务环节之间的数据关联机制，以促进国土空间规划、土地利用年度计划、增减挂钩、占补平衡、开发利用、农村土地整治、增存挂钩、二级市场、确权与不动产登记、执法监督等业务应用系统关键信息的衔接，实现新增建设用地报批业务全流程一体化信息检索关联，提升自然资源部门不同业务跨部门的业务数据共享能力。

第三节 地政业务数据关联检索一体化需求分析

基于地政业务全生命周期管理理念，从业务全流程视角出发，将新增建设用地报批业务划分为"批—供—用—补—查—登"等业务环节，将各业务环节涉及的各类业务系统数据进行整合分析，按照业务阶段梳理、业务事项明晰、业务关系分析及数据共享协同模型建立的步骤重塑业务流程，构建高效协同的业务全流程数据运转机制，为推动新增建设用地业务审批过程中实现省（自治区、直辖市）、市、县及联审部门之间协同会商提供便利，以进一步提升新增建设用地报批项目建设过程中的监管水平，提高新增建设用地业务审批办理效率。

一、功能性需求分析

新增建设用地报批业务数据的关联检索本质上是针对建设用地监管过程中涉及的各类业务数据追踪和检索工作提出的新需求，其最终目的是在保留现有业务系统运行模式的基础上，解决过去业务系统建设过程中各类业务系统各自为政的建设模式带来的数据无法连通和共享问题，以实现各类业务数据的全流程追踪管理和回溯。因而，具体到功能需求，需要对不同业务部门产生的核心信息实现全流程、跨业务部门（或业务环节）的数据关联检索，进而实现不同层级用户对建设用地报批相关业务数据的共享和共用。

围绕上述目的，针对原型系统的开发，提出如下需求。

1. 系统登录

只有合法授权用户才能被允许获得服务，同时，系统也为用户的配置管理提供用户信息、密码设定和修改等功能。

2. 业务环节定义

根据新增建设用地业务特点，划分业务环节。为提高原型系统的扩展性，系统为用户提供对业务环节进行自定义的功能，以适应不同场景的应用需求。

考虑到每一业务环节与数据的关联性，用户自定义功能主要包括：告知系统数据源的位置，即需要针对哪些网络节点上哪些业务部门的业务系统数据进行关联管理。因此，自定义配置功能一般需要通过指定业务环节的名称、数据库服务所在的服务器名称、访问权限、该环节的主数据表的名称及关键字等信息。用户可以通过数据库管理系统基本的数据管理操作对参与业务关联的环节进行配置管理和维护，具体包括查询业务关联信息、新增业务节点、编辑业务节点、删除业务节点等子功能。业务环节配置管理功能用例图如图 7-2 所示。

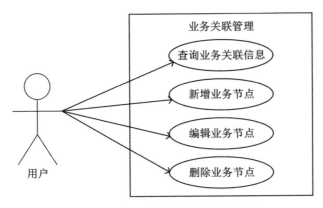

图 7-2　业务环节配置管理功能用例图

3．数据库关联定义

主要是指定所需连接数据库的名称、类型和在网络节点中的位置（如 IP 地址）。

4．数据库表关联定义

主要是在表结构层面指定关联表的关键字段和关联字段。这种配置管理特别适合原有系统的数据库表结构缺乏完整性约束规则时，通过手工强制定义完整性约束的构成，帮助各类业务系统重建不同表结构的关键字及它们之间存在的自然连接关系。

5．图谱可视化

以图谱方式展示系统关联结果。系统可实现不同业务环节关键信息的关联展示，并依照业务类型和逻辑顺序进行分类和排序，直观地查看每一业务环节的业务处理信息。

6．数据统计和检查

对检索数据进行分类、质量检查，针对其中的问题数据还需要提供以表格形式单独导出的功能，以供用户修正，便于用户开展相关统计工作。

7. 图属关联

实现属性检索结果与地理空间数据的链接和展示。

业务关联管理功能用例图如图 7-3 所示。

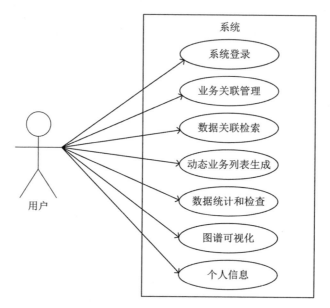

图 7-3　业务关联管理功能用例图

二、非功能性需求分析

非功能性需求指的是软件除功能性需求外还需要满足的用户需求。尽管非功能性需求不会直接影响系统功能的正确运行,但它在整个需求分析过程中仍是不可忽视的环节。非功能性需求的实现为用户的使用体验和系统的持续服务提供了保障。非功能性需求主要包括系统的响应及时性需求、易用性需求、可扩展性需求和安全性需求四个方面。

1. 响应及时性需求

系统的响应及时性最直观地表现为对系统功能进行操作的响应速度和流畅程度。同时,用户使用业务数据检索相关功能时,应尽可能缩短等待时长,对于数据量过大、处理较为复杂的数据检索功能,应该控制在 10 秒以内。

2. 易用性需求

对于用户而言,系统的易用性是基础需求,它直接影响用户的使用体验。尽管系统功能正确、性能优良，但如果用户操作繁复，则容易影响用户体验。所以，在满足功能需求的基础上，需通过易用性的相关设计降低用户操作难度。

3. 可扩展性需求

可扩展性要求系统能够进行数据扩展，保证系统功能后续更新的可能性。系统采用 SpringBoot 框架，该框架本身就具有良好的可扩展性，数据访问层设计了相应的接口，为新的业务数据库接入预留了窗口。同时，对可复用的功能模块进行封装，为新的业务功能调用提供便利。无论从系统功能还是业务数据的角度来看，均可满足系统对于可扩展性的要求。

4. 安全性需求

系统主要通过身份认证保证安全性。系统仅对经过身份认证的用户提供系统功能服务，用户必须在登录界面进行身份认证。

第四节 面向全流程的建设用地报批业务数据关联机制的建立

业务数据关联机制的建立是整个系统功能的基石。面向全业务流程的新增建设用地报批业务检索系统的开发设计，首先需要建立一套完整的业务关联机制，将新增建设用地报批业务涉及的各业务部门的业务和数据进行内部关联。

一、业务环节定义与业务关联方法

总体而言，不同业务环节之间的数据关联建立可通过如下方式进行。

（1）根据新增建设用地报批业务特点，将新增建设用地报批业务按照"批—供—用—补—查—登"等业务环节进行定义并确定其业务流程的基本逻辑。

（2）对不同环节涉及的业务系统，如年度计划、预审备案、实施方案、土地供应、土地整治、耕地占补平衡、土地市场动态监测监管等系统的数据库结构进行详细分析。在建立不同业务环节之间关联业务逻辑关系的基础上，识别和确定每一业务环节内部能够帮助建立适合不同环节业务数据关联的主要数据库表。

（3）按照"批—供—用—补—查—登"等业务流程顺序，通过每一业务环节的主数据库表建立各个业务系统之间的关联和业务流程顺序。

（4）由于用户可能存在对业务全流程数据检索深度（这里指用户可能存在对不同环节内部更为详细的业务数据）的需求，系统还需建立不同业务环节内部的数据关联。因而，为了满足不同用户对每一环节业务数据纵深检索的需要，需要进一步确定每一业务环节内部关联的主数据库表及其对应的关键字，以满足不同环节业务数据关联建立过程中可能产生的针对某一业务环节内部业务数据的纵深检索的需求。

（5）明确每个业务环节对应的业务码，并制定相应编码规范。确定每一环节内业务码作为该业务环节的查询码，并作为用户识别该环节的主要业务关键信息。在数据库内部关联设置方面，通过该码建立该业务环节与前后业务环节的关联，以此类推，通过该关联信息查询出其他业务环节的相关信息，以实现不同业务环节数据的横向打通和某一业务环节内部业务数据的纵深检索。

（6）按照上述思路，在具体实现过程中，面向全流程的建设用地报批业务信息检索系统，可通过为每一业务环节自定义主数据库表的方式，实现各业务环节的数据关联。根据数据库结构设计的范式要求，该主数据库表一般会包含实现业务全流程检索所需要的外部关联字段、内部关联字段和查询码字段。当该主数据库表中不全部涵盖以上字段时，通过中间表进行过渡查询。

（7）由于用户在实际使用过程中，对各个业务环节的数据关注点不同，或者针对同一用户，在不同的访问时间点，其对业务环节的数据请求内容不同，可以合理地推测，用户将产生对不同业务环节不同类型业务数据的信息检索要求。因此，为提高系统的灵活性，有必要在建立各个环节关联之后，实现用户对全流程查询检索内容的自定义。在实现方式上，用户可根据自身对信息的需求，配置不同的检索参数。用户也可以通过接口方式发起信息检索请求，或通过 URL 代入参数方式进行检索等。

二、业务关联规则设计思路

在分析新增建设用地报批业务流程的基础上，对业务流程进行环节细分，从业务划分和使用习惯角度出发，识别出不同环节业务码，并以业务码为纽带，建立新增建设用地报批业务全流程关联规则和机制。

从业务角度出发，分析业务关联机制的设计需求，通过如下方式建立关联机制规则。

（1）根据业务类型将新增建设用地报批业务涉及的流程划分为"批—供—用—补—查—登"等业务环节。每一业务环节内部，可能存在若干个子环节。

（2）从用户视角来看，用户在实行全流程业务信息追踪和回溯时，不仅需要了解每一业务环节关键业务信息，也需要该环节内部其他数据库中存储的信息。因此，需要确定每一业务环节的主数据库表作为该环节的主业务节点，而与主数据库相关联的其他数据库表作为该环节的内部关联业务节点。

（3）用户可指定任一业务环节的主业务节点作为全流程业务追踪的起点，通过主业务节点之间的数据联系和主业务节点与该业务节点的内部关联，实现指定环节数据的全流程业务信息检索。

（4）考虑到新增建设用地业务数据与地理空间数据的密切关联，任一环节涉及的地面调查测量数据，均可通过国土基础地理平台进行调阅和访问，实现图属关联。

新增建设用地报批业务数据关联机制建设示意图如图 7-4 所示。通过上述规则建立业务关联机制，符合土地管理过程中业务流程之间的逻辑关系，可以实现从任一业务节点进入土地管理全业务流程系统，经过若干个业务节点到达目标业务节点，并对目标业务节点数据库进行检索，能够为土地业务图谱的构建提供逻辑参考。

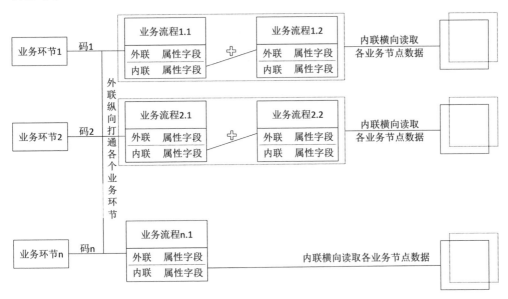

图 7-4　新增建设用地报批业务数据关联机制建设示意图

三、新增建设用地业务关联规则设计方法

新增建设用地报批环节主要包括土地报批、土地供应、土地利用、补充耕地、土地登记环节。对于"批—供—用—补—查—登"业务全流程的建设用地报批数据库逻辑开展关联设计，需要充分考虑各个业务环节的纵向关联和同一业务的横向关联。设计数据库结构时，每一业务环节必须选择一个与该环节对应的数据库主表，该主表中可设定外联字段和内联字段。外联字段纵向关联各个业务环节，内联字段横向关联同一业务环节的所有信息。

依照上述土地业务关联机制建立原则,将其应用于新增建设用地报批业务应用场景。为了简化讨论,只选取"批—供—补"三个业务环节数据(见图 7-5)进行讨论。由于每一业务环节可以经自定义功能由用户设定,因而,原型系统开发完成后,"批—供—用—补—查—登"业务全流程数据检索,可以通过系统提供的自定义功能添加业务环节和相关配置来实现。

(1)"批"业务环节:预审备案数据存储有各级业务部门上报的业务数据,并记录了每一新增建设用地地块相关信息,因此,该环节的业务数据可从预审备案数据库中抽取,或从经数据治理后转换形成的建设用地台账数据中抽取。在该环节,设定批复文号作为与其他环节的关联码。

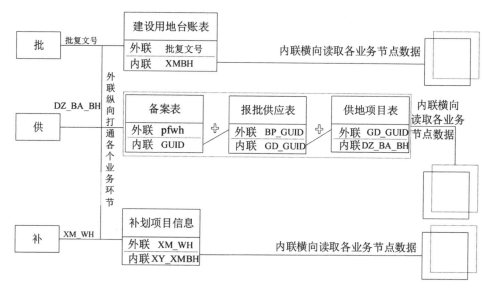

图 7-5 新增建设用地报批业务数据关联机制("批—供—补"环节)

(2)"供"业务环节:主要来自土地市场动态监测监管系统的供地项目表,其业务码主要为项目供地后形成的电子监管号,将其作为关联字段。

(3)"补"业务环节:包括耕地占补平衡系统,对应的数据库表为补划项目表,业务码为项目文号。

按照业务类型划分业务流程,得到"批—供—补"三个业务环节,其余业务流程作为其所属业务环节内部关联的业务流程呈线性形式依次排列。业务环节间的关联本质上依旧是业务流程间的关联,因而,可以采用每一环节的业务码进行串联。通过外联字段和内联字段之间的关联以及系统的相关配置管理,可以在现有业务系统基础之上,将原本分散、孤立的业务流程和业务数据连接成一个整体,确保业务数据链能够支撑土地业务全流程管理。

第五节　原型系统的设计与实现

一、总体设计目标

基于前述功能性需求和非功能性需求分析，针对当前自然资源地政业务各类业务系统林立、地政业务逻辑存在流程关联但不同业务系统之间业务数据无法关联的实际，按照本章前述思路，以新增建设用地报批业务为例，选择部分环节，开发一套原型系统，以验证本章前述思路在实际应用中的可行性，从而为不同系统林立情景下自然资源地政、矿政业务领域跨不同系统全流程业务信息一体化管理提供应用示范，以解决自然资源信息化早期阶段发展过程中因顶层设计不足导致的地政业务中各部门业务系统相互独立、各业务数据无法共享的困境，并以图谱的方式展现，从而为自然资源电子政务建设过程中跨部门的地政、矿政等相关业务的全流程一体化业务数据检索提供支撑。

二、总体架构

系统采用 B/S 架构，使用 Vue＋SpringBoot＋MyBatis 框架，前后端分离，测试数据来源于当前各级自然资源部门在开展新增建设用地业务过程中普遍使用的相关业务系统所产生的业务数据。同时，根据业务关联机制确立的规则，将业务数据进行实体、属性和关系的三元组表示，存储于 Neo4j 图数据库中，形成土地业务图谱，作为系统相关功能实现的逻辑和数据基础。

系统总体架构图如图 7-6 所示。

本系统共分为三层，各层的具体作用如下。

1. 数据层

样本和测试数据主要来自建设项目用地预审备案系统、土地市场动态监测与监管系统、土地整治系统和耕地占补平衡系统等。其中，"批"业务环节中的主要数据来自建设用地台账数据和建设项目用地预审备案数据；"供"业务环节中的测试和样本数据主要来自土地市场动态监测与监管系统数据，以及新增建设用地报批供应数据；"补"业务环节中的补划项目数据主要来自耕地占补平衡系统等。根据业务关联机制构建土地业务图谱，其数据实体和关系存储于 Neo4j 图数据库中，为图谱表示功能的实现提供数据层面的支撑。

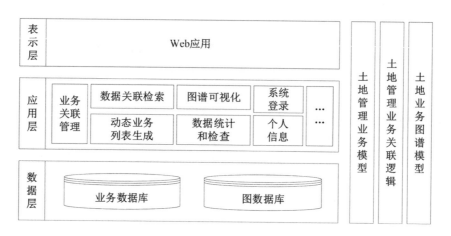

图 7-6 系统总体架构图

2. 应用层

应用层依托数据层提供的数据基础，向用户提供系统功能，主要包括系统登录、业务关联管理、数据关联检索、动态业务列表生成、数据统计和检查、图谱可视化和个人信息等功能。系统根据用户提交的操作和请求，调用相应的功能模块，由相应功能模块完成相关处理后，将结果返回给用户。

3. 表示层

表示层主要负责面向用户提供可视化服务，将用户发送的业务数据请求，按照数据特征，以数字、表格和地图等方式进行显示。

三、系统功能模块设计

系统主要功能模块包括系统登录、业务关联管理、数据关联检索、动态业务列表生成、数据统计和检查、图谱可视化等。

■（一）系统登录

系统登录模块的主要功能是实现用户身份认证。系统通过验证用户输入的用户名和密码确认用户的身份，并为通过身份认证的用户提供系统服务。未通过身份认证则不能登录系统，无法使用系统为用户提供的功能。

（二）业务关联管理

该模块的主要功能是实现基于全流程视角跨不同业务系统业务信息关联机制的构建和管理，并将这种关联机制以数据库表和记录的方式存储于数据库中，或者以外部文件的方式存储。在此，我们称之为业务关联表。用户可以通过对不同系统的关联特征进行分析，采用自定义和配置管理方式建立不同系统之间的数据在业务逻辑方面的关联规则和数据流向。因此，业务关联表的信息，反映的是用户对业务全流程数据关联检索的基本需求，也是系统构建结构化查询语言实现跨不同业务系统进行业务全流程检索的基础。

业务关联管理功能模块包含查询全流程业务关联信息、新增业务节点、编辑业务节点和删除业务节点四个子功能模块。

1. 查询全流程业务关联信息

用户能够查看新增建设用地报批业务所涉及的系统数据库中各种表的相关信息，便于用户了解各业务环节涉及的表结构和相关内容，从而方便用户根据自身需求，管理、选择和配置全流程业务信息检索所需的环节、业务类型名称、主业务节点表、不同环节的外关联字段和内关联字段以及每一环节内所包含的各种业务信息等基本信息。

2. 新增业务节点

用户能够根据查询和检索需要，自定义业务环节，通过往数据库增加记录的方式配置业务环节名称、业务类型名称、主业务节点表、不同环节的内、外关联字段等信息，为各个业务环节设置和结构化查询语言的动态生成提供数据关联规则。新增业务节点流程图如图7-7所示。

3. 编辑业务节点

用户能够对业务关联表中存储的业务环节配置信息进行编辑和修改，编辑和修改的结果也以记录的方式存储于数据中，实现用户对关联业务规则的修改。

4. 删除业务节点

用户能够根据业务环节变化需要，对业务环节进行重新配置，系统为业务环节的重新配置提供删除业务环节节点的功能。某一业务环节节点删除后，其关联的相关配置信息也应予以删除，以保持业务关联规则的完整性和准确性。删除业务节点流程图如图7-8所示。

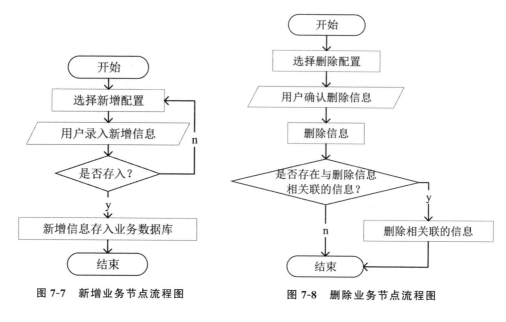

图 7-7　新增业务节点流程图　　　图 7-8　删除业务节点流程图

■（三）数据关联检索

按照用户需求，根据业务关联表中确定的关联规则，以及不同业务系统所对应数据库的网络节点、用户权限等配置信息，构建数据检索任务。系统将根据用户指定的任务要求和查询需要，根据自定义的关联规则自动构建跨不同业务系统全流程业务信息检索查询语句，依次遍历与某一业务环节相关联的全部数据实体，得到该业务环节前后关联业务相关数据，以实现跨不同业务系统全流程关联信息检索。

数据关联检索流程图如图 7-9 所示。"报"的环节以业务码批复文号作为新增建设用地报批业务的主关键字，而"供"的环节则以供应地块的电子监管号作为主关键字，在流程纵向上，以上述两个主键实现"批—供"流程的数据关联检索，其余环节数据的检索可以此类推。任一环节的数据之间属于一对多的关系，因而，可以采用树形结构对检索到的业务数据进行重新组织。

■（四）动态业务列表生成

该模块的主要功能是根据数据关联检索的结果生成动态业务列表，展示用户录入的业务码所指向的地块所经历的业务流程，为用户自动筛选出数据。系统以"批—供—补"三个业务环节为例，其中，"批"环节包括建设项目信息；"供"环节以电子监管号划分，每个电子监管号对应的业务信息包括报批项目信息、报批供应情况和供地信息；"补"环节包括补划项目信息。用户输入"业务码—字段值"，系统后台自动对其进行数据关联检索，判断每个业务表检索结果集合的大

第七章 面向全流程的地政业务数据关联一体化建设模式探索

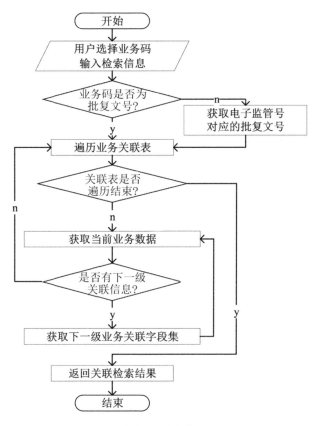

图 7-9　数据关联检索流程图

小，若该结果集合不为空，则在动态业务列表中显示该业务，否则不予显示。比如，检索结果包含建设项目信息和报批项目信息，则动态业务列表将会是"批—建设项目信息""供—电子监管号—报批项目信息"。用户点击多层级列表最后一级节点，可查看该业务流程的检索结果。动态业务列表生成流程图如图 7-10 所示。

■（五）数据统计和检查

该模块的主要功能是对基于关联规则获取的业务数据进行统计和检查，形成统计报表或错误分析报告。统计报表主要用于实现批而未供、未批先供等业务统计。关于数据错误分析报告，当前存在的问题之一是，由于早期业务系统的建设缺乏顶层设计，不同业务环节的数据之间的部分错误往往只有在比对中才能发现或暴露。为尽早暴露数据之间可能存在的数据重复、输入错误、数据缺失、统计口径不一致等问题，系统在全流程业务数据检索的基础上，也需要开发数据校验和复核功能，并提供修改和补正功能，以实现全流程业务数据的统一性、准确性和完整性。数据统计和检查时序图如图 7-11 所示。

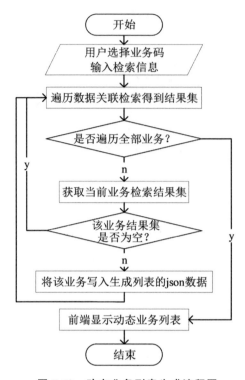

图 7-10　动态业务列表生成流程图

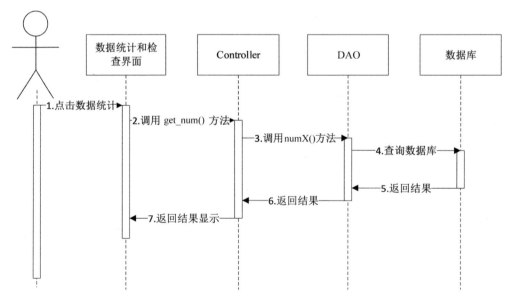

图 7-11　数据统计和检查时序图

（六）图谱可视化

该模块的主要功能是实现用户关联检索结果的可视化展示。系统以用户输入的业务码为中心，从图数据库中获取关联检索结果的数据集，明确业务数据在图谱中"实体—关系—实体"的关联，在前端界面依照其关系结构绘制子图谱，不同的业务数据实体会使用不同颜色进行绘制以做区分，直观地为用户展示业务数据、业务关联和逻辑流向，方便用户对土地业务全流程管理中数据的情况有整体性的认知。

四、系统数据库设计

通过面向土地管理业务全流程的智能检索系统的功能性需求分析，对系统数据库进行概念设计，根据数据具体的结构和关系，设计符合需求的实体。描述数据库概念模型的方式是 E-R 图。本文将使用 E-R 图对数据库实体进行说明。

1. 用户信息实体

用户信息实体包括序号、用户名、昵称、密码等属性。用户信息实体图如图 7-12 所示。

图 7-12　用户信息实体图

2. 建设用地台账信息实体

建设用地台账信息实体包括案件编号、报建编号、案卷类型、案卷名称、批复文号、总面积、划拨面积、出让面积、批复时间等属性。建设用地台账信息实体图如图 7-13 所示。

3. 备案信息实体

备案信息实体包括序号、报建编号、报批标识、标识、项目名称、批复文号、上报时间、行政区代码、项目类型、用户标识、转移情况、城市用地项目标识、建设用地总面积等属性。备案信息实体图如图 7-14 所示。

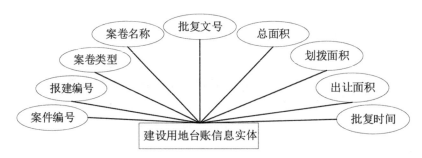

图 7-13　建设用地台账信息实体图

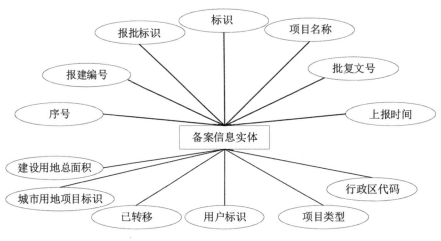

图 7-14　备案信息实体图

4. 报批供应信息实体

报批供应信息实体包括序号、报批标识、报批供应标识、创建日期、删除日期、供地标识、供应类型、供应面积、报批项目名称、类型、审计情况、更新时间等属性。报批供应信息实体图如图 7-15 所示。

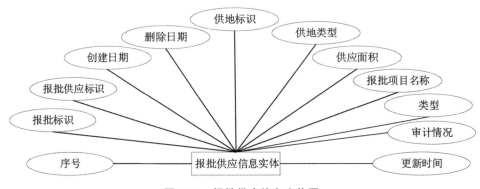

图 7-15　报批供应信息实体图

5. 供地项目信息实体

供地项目信息实体包括序号、合同/划拨编号、创建日期、删除日期、电子监管号、供地标识、供地总面积、供应面积、修改日期、签订日期、项目名称、项目状态、行政区代码等属性。供地项目信息实体图如图7-16所示。

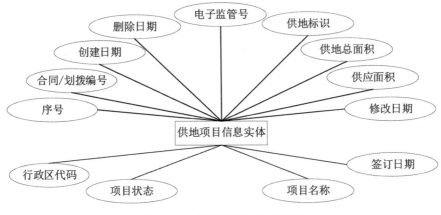

图 7-16　供地项目信息实体图

6. 补划项目信息实体

补划项目信息实体包括序号、项目编号、项目名称、项目所在地名称、项目备案编号、项目所在地编号、项目文号等属性。补划项目信息实体图如图7-17所示。

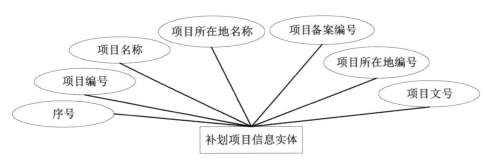

图 7-17　补划项目信息实体图

7. 业务关联信息实体

业务关联信息实体包括序号、业务环节名称、业务类型名称、主业务节点表、外部关联字段、内部关联字段、外部上一级表、内部下一级表、上级外关联字段、下级内关联字段等属性。业务关联信息实体图如图 7-18 所示。

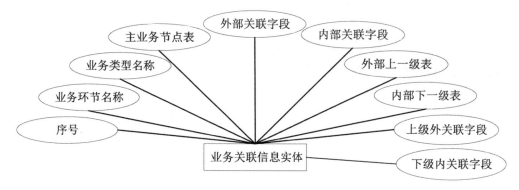

图 7-18　业务关联信息实体图

土地业务关联涉及的业务实体有建设用地台账信息实体、备案信息实体、报批供应信息实体、补划项目信息实体和供地项目信息实体。土地业务关联实体 E-R 图如图 7-19 所示。

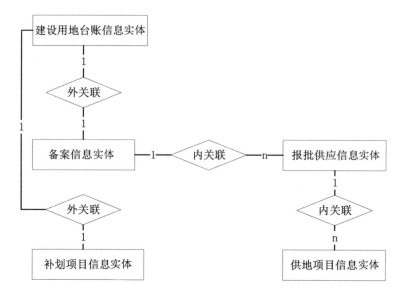

图 7-19　土地业务关联实体 E-R 图

五、系统实现

基于前文对面向土地管理业务全流程的智能检索系统的需求分析和系统设计，下面简要介绍系统的开发过程，包括开发环境和系统主要功能界面。

（一）开发环境

面向土地管理业务全流程的智能检索系统的开发环境包括如下内容。

（1）操作系统：Microsoft Windows 10（64位）。

（2）开发语言：前端使用 HTML、CSS、JavaScript 语言，后端使用 Java 语言。

（3）开发工具：系统开发工具为 IntelliJ IDEA 2017.3.1 x64，使用 MySQL Workbench、Navicat 15 for MySQL 和 Neo4j Browser 辅助操作数据库。

（4）数据库：MySQL8.0.28，Neo4j Desktop4.4.3。

（5）服务器：硬件环境为 Intel（R）Core（TM）i5-6200U CPU @ 2.30GHz 2.40 GHz，内存 8GB，软件环境为 Tomcat9.0。

（二）系统主要功能界面

1. 首页

首页提供"一码串业务"查询接口，用户输入需要查询的编码，查询批、供、用、补、查的关联数据，并以树状形式展现。

有关联数据的业务环节以高亮形式展现，点击节点，查看节点属性信息和图形预览（根据配置调用已有的图形接口）。

基于业务码的地政业务全流程检索示意图如图 7-20 所示。

图 7-20　基于业务码的地政业务全流程检索示意图

2. 系统配置

系统配置通过文字、数字描述，构建各个业务环节的关联，主要配置各个业务环节的数据库信息、内外关联键、库、表之间的拓扑关系。

1）配置文件定义

系统既可实现"批—供—用—补—查—登"全流程业务信息查询，也可只针对部分环节业务信息进行查询（图 7-21）。

地政业务全流程检索配置界面如图 7-21 所示。

图 7-21　地政业务全流程检索配置界面

2）业务环节定义

可根据自然资源生命周期，定义不同的业务环节，如批、供、用、补、查、登等环节，并指定各业务环节的数据库配置信息。

可设置业务环节中的主业务表、内部关联字段、外部关联字段等信息。

可设置查询编码字段及查询名称。

操作功能包括新增、编辑、删除等。

基于全流程视角的地政业务环节配置界面、地政业务信息检索配置界面、地政业务信息检索结果界面分别如图 7-22 至图 7-24 所示。

3. 数据库关联

建立各个数据库之间的拓扑关系，通过外部关联打通各个业务环节。

支持各个业务环节配置和定义，以及各个业务环节之间的流程关系和依赖关系。

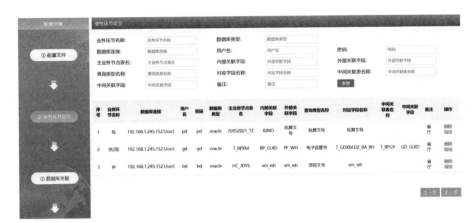

图 7-22　基于全流程视角的地政业务环节配置界面

图 7-23　基于全流程视角的地政业务信息检索配置界面

图 7-24　基于全流程视角的地政业务信息检索结果界面

4. 数据库表关联

设定各个业务环节需要查询的信息，即需要查询的字段。

支持各个业务环节所需检索的字段及描述。

本章以新增建设用地报批为例，分析了地政业务系统应用中面向业务全流程检索的一种模式。这种模式的特点是，从业务码的视角出发，建立了新增建设用地报批业务不同业务环节之间的数据关联模式。通过该模式，进一步厘清当前新增建设用地报批业务中不同系统之间的业务逻辑关系，明确报批业务所经过的业务环节，分析数据流向，并从土地用途管制视角建立新增建设用地报批业务逻辑图谱，构建以业务环节关键码为核心的业务树、数据树，并开发模型和工具进行验证。验证结果表明，该模式为系统分散建设情景下自然资源业务全流程关联检索一体化模式的建立提供了新的思路。该模式在矿政等业务系统的全流程检索中也具有潜力，能够为构建面向全流程自然资源业务系统和自然资源监管一体化工作机制提供参考，具有示范意义和重要价值。

第八章

自然资源电子政务建设技术创新发展与应用

现代科技创新的不断发展推动着互联网不断向泛在化、智能化、移动化等方向发展，自然资源电子政务建设正面临着新的机遇。本章从智能感知、分布式云计算、边缘计算、地理空间智能、虚拟现实、智能推荐、在线政务服务模式创新等视角，分析了当前业界信息技术创新发展的一些特征和趋势。针对部分信息技术创新，探讨了其对自然资源电子政务一体化建设的影响和应用潜力。在此基础上，对近年来国内部分省（自治区、直辖市）在自然资源电子政务一体化方面的建设经验、做法和成功案例进行了梳理，以期深化对技术创新赋能自然资源电子政务一体化建设发展的理解和认识，为自然资源电子政务一体化建设提供参考和借鉴。

第一节 自然资源部门电子政务建设技术创新发展趋势分析

近年来，随着边缘计算、新型感知设备、云技术、高速移动网络、机器学习、人工智能和各类新型办公体验赋能技术向自然资源部门的不断渗透，自然资源电子政务建设在感知层、数据层、业务层、表现层等方面的技术创新均在飞速地演进，推动着自然资源电子政务建设在效率方面的提升和服务模式方面的改变，自然资源电子政务建设正从原有的"互联网＋"模式向"人工智能＋"模式转变。

空间数据的感知、存储、挖掘以及可视化是空间数据智能领域的重要环节。一直以来，实现更广范围、更加准确和更具时效性的空间数据感知，建立管理各类空间数据的数据库，实现对空间数据的有效分析和价值提取及空间数据的交互式视觉显示，是自然资源信息化建设的着力点。

一、感知对象扩大化：非结构化数据的嵌入

随着物联网技术与应用的蓬勃发展，新一代智能计算设施正向自然资源管理领域渗透，物联网技术在自然资源各类地面调查监测系统中的应用不断深入，对现有监测网络进行并网的场景和并网的对象会越来越多。相关调研资料显示，未来自然资源物联网集成应用示范试点工作预计将加速开展，从现有分散式应用向规模化应用转变将是自然资源物联网技术应用的发展方向之一。

除加强跨部门监测网络数据共享和一体化建设外，仅仅从感知和监测所产生的数据角度而言，传统的自然资源监测管理和数据的采集运用，主要针对自然资源各种对象并大多局限于自然系统。自然系统和社会系统的复杂联系，要求自然资源管理跳出单个部门管理的视野，将更多的数据资源纳入自然资源决策管理。例如，将信息时代复杂社会系统在互联网产生的非结构化数据纳入自然资源管理、统计与决策支持等业务活动过程。

社会系统的数据来源于企业和公民的生产生活等活动记录，复杂社会系统通过互联网平台产生的数据类型众多，如自媒体、微博、微信、舆情、新闻观察、社会公众评论、自然资源在线政务服务问题和诉求表达等。各级自然资源部门除了需要加强跨部门业务信息共享和数据联动外，还需要加强对各种自媒体和网络数据的收集和整理。例如，在互联网时代，企业和公众对自然资源部门管理活动的网络留言和评论、公众对自然资源部门信息公开内容的访问、企业和公众对自然资源在线政务服务质量的评价、企业对自然资源部门的信息服务需求，以及舆论监督、社会监督、社会公众参与等数据，对于提升自然资源部门信息服务能力，同样蕴含着应用潜力和较大价值。

正如美国学者迈克尔·弗兰克·古特柴尔德所指出的，各种智能终端如智能手机和App的普及化，社会公众的积极参与以及公民诉求表达所依托平台的多样性，使得自然资源决策管理过程中所需要的数据来源已经不再局限于传统科学仪器产生和记录的数据，"人作为传感器"产生的数据正在快速增长。由社会公众和利益相关者产生的互联网信源，很大一部分以非结构化的方式存储。自然资源管理决策过程中的数据管理和数据分析，需要应用各种技术，例如通过自然语言处理、数据挖掘、机器学习等技术，加强对包括互联网数据在内的各种非结构化数据的处理和综合利用，以推动自然资源由传统的"天-空-地"动态监测模式向"天-空-地-海-网""自然+社会"一体化复合系统动态监测监管模式转变，在提高

自然资源智慧化、精准化决策水平的同时，进一步提升自然资源信息化建设服务社会的能力。

二、感知设备智能化：边缘计算和人力替代

边缘计算是指将人工智能处理相关技术应用于感知设备端，实现设备感知能力的自动化、智能化、智慧化，以降低人力成本，提高工作效率。例如，在自然资源业务活动中，自然资源动态调查和监测监管面临的一个很重要的任务和问题就是如何快速地跟踪和记录自然资源动态变化，以及发现资源开发利用过程中不合理的行为。以土地执法为例，传统途径即由执法工作人员通过巡查方式来发现问题的工作模式，存在工作量较大、信息获取延迟等弊端，而通过各类智能终端设备构建"人防＋技防"一体化监管体系，有利于帮助执法部门尽早发现违法用地问题并尽早做出相应处置。

自然资源在空间分布上大多位于地球系统各大圈层的交互作用界面，如土地资源；或者部分圈层的重要组成部分，如矿产资源等。在各类视频监控设备、环境感知设备、国产芯片迅速发展和存储产能迅速提升的当下，更多智能化终端设备正被嵌入或整合入自然资源动态监测网络，自然资源动态变化和监测能力得到大幅提升。嵌入式神经网络处理器和张量处理单元等技术的发展，将助推人工智能、数据挖掘在自然资源监管领域的深入发展和深度应用。以物联网技术为特征的各类终端传感器在自然资源领域的应用，在释放中央服务器的运算压力和加快分布式运算网络形成的同时，也将提高自然资源部门在终端设备上的感知能力和信息处理能力。感知设备的智能化，可以有效帮助自然资源管理部门实现动态监测业务活动前置，从而有效提高自然资源网络整体算力和运算成果的时效性。

三、计算模式去中心化：分布式计算-网格计算-服务网格

自然资源云的建设是自然资源电子政务一体化建设的重要支撑。通过统一建设自然资源云，有助于提高自然资源网络内各种资源如数据、算力等的利用效率。传统的以物理分散、逻辑集中、多层级共享为特征的分布式计算方式，在云服务方式支持下，服务调用和业务数据访问能更好地满足不同层级、不同部门的业务需求。不过，伴随着自然资源云中各类服务数量的快速增长，如何解决众多微服务间的通信和调度问题成为云架构下迫切需要解决的问题。

服务网格是解决上述问题的主要思路之一。通过分离微服务中的通用功能，服务网格实现各类服务从服务注册、服务发现、熔断降级、流量管理到服务监控等功能的一体化管理，弥补主流容器管理使用方面的不足。通过轻量级网络代理

和应用服务的透明化设置,服务网格在管理和实现各服务间安全通信的基础上,可以实现服务的管理和具体业务的彻底解耦,有助于解决不同平台、不同系统的特定开发语言间存在的技术上难以协同等问题。

服务网格在自然资源云架构中的使用和集成也带来了去中心化、提高系统可伸缩能力、提升整体架构灵活性等便利和优势。通过重构服务间的管理方式和通信方式,服务网格将服务管理和具体的业务逻辑进行解耦,这种注重将服务能力与具体的业务应用相剥离的方式,减少了自然资源领域各类复杂业务逻辑的侵入,减少了已往因不同平台采用不同技术架构、不同开发工具、不同开发语言而带来的业务系统之间数据访问难以协同、信息服务难以整合的问题,从而使开发人员能够更加专注于业务本身。因而,服务网格在为云原生应用开发者带来更好的开发和维护体验的同时,可以提高自然资源部门不同业务系统间的协同和一体化服务能力。

四、数据表现形式多样化:二维到三维及时态数据的嵌入

自然资源大数据既包括点、线、面等矢量数据,也包括遥感影像等海量空间对地观测数据。在人类活动影响下,自然资源的开发利用是一个复杂动态变化过程,具有时空变化特征。近年来测绘技术在计算机技术发展浪潮中几经蜕变,新型遥感大数据、虚拟现实、动态仿真、数字孪生、实景三维、数据挖掘、机器学习、人工智能等新技术向测绘领域不断渗透,辅以历史数据的积累,现有数据处理和输出模式已经实现从二维图像到三维空间乃至耦合时态四维时空的提升,测绘成果应用正从静态地图向包括辅助决策、自动判定、模拟演示等在内的各类创新应用转变。

五、用户体验的提高:人性化、智能化与个性化

人机交互作用界面设计对于用户技术接受和信息技术创新扩散过程至关重要,这种交互除传统的鼠标和键盘之外,现已扩展到手势识别、语音智能交互等现代交互方式。人机交互技术的创新和发展,提升了用户体验。智能化、人性化的交互设计以及相关功能设计,提高了系统的可用性。个性化的应用更加贴近用户实际需求和使用习惯,从而提高用户满意度。

随着社会公众对信息化的了解和采纳,电子政务建设对个性化、人性化服务的需求开始逐步增加,现代软件设计思路越来越倾向于敏捷开发。敏捷的本质是响应变化、持续学习和不断反馈。敏捷表现为软件及其开发过程的可持续和高质量,即根据公众需求和业务变化,迅速完成系统初步构建和软件开发工作快速交

第八章 自然资源电子政务建设技术创新发展与应用

付,并为后期的迭代完善、循序渐进预留空间。基于人工智能和用户个性化研发的推荐服务模块,给终端用户带来更好的用户体验。

总体来看,自然资源各类业务信息系统的建设,需要摆脱传统的"工具理性"思维,要把"用户需求""用户习惯""用户体验"置于首位。自然资源在线政务建设、行政审批和行政办公等系统的建设,对"个性化+人性化"服务均提出相关要求。借助大数据手段分析用户使用信息系统的行为习惯,来优化人机交互作用界面设计;利用智能语音、智能导航等技术来提升用户友好性,提升用户使用信息系统的便捷度和舒适度等。

第二节 边缘计算与混合云雾物联网架构技术发展与应用

尽管采用云架构模式为自然资源业务数据处理提供了巨大的算力,然而,伴随着自然资源管理精细化程度不断加深和自然资源数据呈现快速增长,自然资源业务部门对自然资源各类地理空间数据处理在响应、效率等方面提出了更高要求。自然资源数据具有大型和复杂性等特征,业务处理过程的并发性特征也可能面临大量用户同时对某一类数据进行操作。已往以集中式为主导的云计算模式,可能带来网络带宽的高占用和数据安全的挑战,需要加强分布式云计算技术应用,如发展边缘计算等来应对复杂网络环境下自然资源部门对各类业务数据的快速访问需求。

一、边缘计算

边缘计算是云计算的有效补充,也是雾计算的进一步发展和延伸。与传统的集中式云计算不同,边缘计算将部分计算基础设施部署到网络边缘节点如感知层终端设备,包括智能手机、无人机、视频设备及环境监测设备等,可以提高以自然资源大数据中心为核心的各类业务应用的服务响应能力,有效提高数据传输带宽约束下自然资源各类信息服务的可持续性。总体来看,伴随着5G移动网、物联网、人工智能等新一代技术的发展演进,结合自然资源业务管理和自然资源数据特征,边缘计算在自然资源领域的渗透和应用,需要关注如下几个方向的发展。

(一)基于边缘计算的深度学习式物联网

物联网的浪潮正席卷全世界,未来物联网将连接数十亿甚至万亿级别的感知设备，将快速产生规模庞大的实时数据，这对其中一些应用的低延迟、快速响应与部署提出了要求。当前，自然资源网络中具有物联网特征的各类设备不断增多，以云计算为架构的自然资源云端基础设施采用集中化的存储、计算模式。这种模式也存在一定的弊端，具体表现在：① 需要将物联传感的所有数据传输至云中心，在未来物联网设备爆发式增长后，更为庞大的数据体积与数量对其运行负荷与带宽产生极大冲击；② 集中式云端模式会导致物联设备到中心数据传输距离过长，数据传输高延迟是未来的较大挑战；③ 搭建集中式云平台往往需要高额耗费，导致被服务提供商和技术开发商垄断，缺乏开放性，抑制互联创新。

为应对这样的挑战，边缘云与边缘计算应运而生。边缘云与边缘计算具有如下优点：① 在将海量数据费时传送至集中的云服务中心之前，边缘节点就可以自行处理大量数据，减少运行时间；② 经由部署于本地的边缘设备计算处理后，只有较小体量的数据需要传输至云中心；③ 边缘节点部署于靠近用户端一侧，能够较好地控制延迟；④ 边缘计算能够与深度学习结合，减少训练时间以及占用的计算资源。总之，边缘云部署模式提供了一个开放的创新平台，能够包容不同服务提供商和技术开发商以及各种技术创新公司在其中公平竞争。采用边缘计算，通过在靠近物联感知设备的边缘布置节点，对云中心集中处理的计算任务进行分流的计算模式，将提高基于各种终端设备开展的自然资源调查、数据采集和标准化、动态监测等业务的工作效率，并缩短传输数据的时间，降低网络传输负载。

将物联传感设备生成的大数据与边缘计算和深度学习相结合是未来的发展趋势，理由如下：① 物联网设备生成数据中包含大量的多媒体数据（文本、视频、图片、音频），这些数据通常是结构式与非结构式或半结构式并存。深度学习在面对复杂环境中感知到的大规模纷繁数据时，相较于机械学习有更好的表现，它能够自动从复杂多媒体数据中提取有效特征，以此进行处理分类，图像识别与文字语义处理大大提升了数据处理效率；② 深度学习网络是具有多层结构的，提取到的对象特征从深度学习到最后网络层输出，这样的结构在边缘计算的环境下同样适用；③ 当前物联感知的多媒体数据的体积与数量只有边缘计算才能胜任；④ 边缘计算特别适合中间传输数据量小于输入数据规模的情况，针对深度学习任务相当有效。

物联网技术的发展对于物联网在自然资源领域深入应用特别是自然资源动态监测网络建设方面具有启示意义。物联网等新技术在自然资源领域中的应用前景广泛。例如，在滑坡等地质灾害智能监测预警方面，自然资源部门已经建立了较为完善的物联网应用技术标准和应用示范，但总体而言，物联网在自然资源领域的应用尚需深入。自然资源部测绘发展研究中心的调查结果表明，"山水林田湖草沙"生命共同体理念对自然资源部门调查监测系统提出改造整合的需求,以实现自然资源由单要素调查向多要素调查的综合转变。针对当前地面调查监测系统网络整合的问题,需要利用物联网技术将调查监测网中的传感器改造或替换成带有定位功能模组的传感器,在边缘层实现观测要素的精准实时定位。

(二)边缘计算与 GIS 技术结合

自然资源数据的采集和处理需要大量用到各类信息感知和信息处理设备,其中涉及海量地理空间数据。将边缘计算与 GIS 技术进行结合,实现 GIS 内容的发布和分发、GIS 服务的代理和加速,以及在线分析和计算,将提高自然资源地理空间数据计算能力,并为用户提供更加灵活高效的方式访问和使用地理信息服务。边缘计算与 GIS 技术结合的方式主要包括边缘前置代理、边缘服务聚合、边缘内容分发和边缘分析计算。

(1)边缘前置代理:传统用户直连云地理信息服务中心,浏览 GIS 服务时,由于互联网的网络延迟效应及云 GIS 中心出口带宽的限制,GIS 服务的响应性能和可靠性较差。为提高地理空间信息服务器服务能力,可通过部署边缘服务器的方式,由靠近用户一侧的边缘服务器提供近端服务,以提升用户对 GIS 服务的使用体验。

(2)边缘服务聚合:云端服务往往需要把 GIS 的各类服务功能拆分为众多类型的微服务,如地图浏览、放大、缩小、漫游、空间查询和分析等。为减轻云端服务器的压力,可以按照用户需求,根据用户使用习惯和模式,将部分 GIS 服务进行编排和组合并部署于用户侧的边缘服务器,提高 GIS 空间信息服务能力。

(3)边缘内容分发:云地理信息服务中心和边缘节点协同配合,将 GIS 数据从云 GIS 中心推送到边缘服务器;然后将接收到的 GIS 数据在边缘端进行发布,数据类型包括栅格瓦片数据、矢量瓦片数据、三维瓦片数据,通过分发实现瓦片等数据在边缘 GIS 节点的自动更新等。

(4)边缘分析计算:按照用户需求,基于边缘节点服务器的计算、存储、网络和数据资源,融数据感知和数据分析于一体,在边缘网络完成数据采集和信息处理,并满足用户实时调用分析计算服务需求,为用户提供近端的 GIS 空间数据分析、统计、成果显示和综合制图等服务。

总之,将边缘计算和 GIS 技术相结合,将原先部署于大数据中心或服务器端的 GIS 空间分析计算等服务部署于客户端或近边缘端智能计算设备上处理数据和用户请求,并将处理结果直接返回给用户的计算模式,将减轻云端的计算负担和海量数据处理压力,在有效降低延迟的同时,也将促使网络计算资源更加合理布局和配置。此外，在网络中传输的更多是数据处理结果而非原始数据，将降低网络负载，提高数据实时处理效率。

（三）基于边缘计算的高精度地图数据处理

随着5G、空间对地观测数据、视频流、物联网和人工智能等领域的技术发展，自然资源部门需要存储和管理的各类数据快速增长，由此带来大量计算密集型、数据驱动型的应用，如高精度地图数据处理与应用。与传统地图相比，高精度地图数据的图层数量更多，图层所记载内容更加精细，地物分类也更加细致。如地理空间数据服务应用中高精度道路导航地图产生的海量地图数据，给各类终端设备的地图应用和数据处理带来巨大的挑战。

针对传统集中式大数据处理模式在处理海量地图数据时存在高时延、受制于网络传输瓶颈等问题，未来需要考虑如何将高精度地图数据处理置于物联网周边的边缘计算节点，发展边缘侧的海量地理空间数据处理能力。基于边缘计算的信息采集、用户反馈和数据处理方式，将云计算中的部分计算任务与存储任务下放到边缘设备，提高边缘侧自然资源天、空、地、海、网等多源异构数据实时处理效率，在满足时延敏感型应用的需求的同时，将有力推动高精度地图数据访问和数据处理服务向低延时、高感知、可移动方向发展。

（四）移动边缘计算策略

自然资源部门电子政务移动化发展是必然趋势，然而，鉴于自然资源业务复杂性和自然资源地理空间数据海量、多源、异构的特性，在移动端使用自然资源电子政务服务面临海量数据传输、处理和分析等方面的挑战。相比自然资源大数据中心所具备的数据处理和计算能力，移动设备在自身资源及计算能力方面仍然存在局限性，这可能会限制自然资源电子政务建设信息服务能力，自然资源移动电子政务建设需要发展边缘计算能力。

靠近移动设备的边缘计算方案包括多种途径。一是从云端入手，改进移动云计算环境下的任务调度模式、优化调度方法。例如，针对移动云计算环境，引入更先进的算法如蚁群算法、粒子群算法、遗传算法对云端服务调度方式进行优化等。二是对现有的算法如空间查询、空间分析等进行改进和优化，发展适合移动边缘计算的算法。三是在移动设备多样化的环境下，发展计算卸载方案，如深度强化学习方法等，通过从有限的已知状态中提取信息，判定网络环境的动态变化并调整相关卸载方案，以解决移动计算环境下高时延、网络负载与资源的占用等问题。

二、云计算服务优化

(一) 面向云计算任务调度的算法改进和优化

自然资源云由云数据中心、服务器、虚拟机、云用户等组成,涉及虚拟化技术、分布式存储技术、大规模数据管理技术、调度技术等。根据用户需求,结合对服务器、存储、网络、服务等的虚拟化,云架构通过发展各种调度技术为用户提供各种资源服务。随着移动互联网、实景三维、数据挖掘、人工智能及虚拟现实等技术不断向自然资源云渗透发展,各种云用户、云任务和端设备不断增多,云调度的任务不断加重。需要发展先进的调度技术来提高云计算下的任务调度效果,以提升服务质量。

云计算任务调度的本质就是将不同用户提交的任务请求按照设定的调度目标合理地分配网络中使用各种资源的映射过程。任务调度分为动态调度和静态调度。根据调度目标,云计算调度目标既可以是针对单一目标的算法优化,也可以是针对多目标的算法优化。云计算中各个节点的特征和属性,如存储容量、网络连接类型、网络状态、设备电量等都可能影响云任务的调度策略和效果。

基于网络中各种资源分布和配置,根据用户需求,实现云计算调度任务的动态优化,是自然资源云调度技术的重要发展方向。传统的单目标算法优化包括贪心算法、最短作业优先算法等。根据调度目标的不同,自然资源云架构需要更多地发展多目标智能优化算法,如蚁群算法、鸟群算法、粒子群优化算法、遗传算法等,来提升资源利用率、实现负载均衡,通过降低能耗、缩短任务执行时间、提高系统可用性等来提升自然资源云服务能力。

(二) 区块链即服务 (BaaS)

BaaS 是一种结合区块链技术的云服务,可以看作是"区块链+云计算"的有机结合。与一般区块链技术相比,使用 BaaS 的优势在于:① 可以将区块链服务像传统的云计算服务一样按需提供给客户;② 可以帮助用户快速部署区块链环境,实现"一键上链",从而实现跨部门、跨组织、跨业务领域的区块链应用;③ 提供统一的标准和规范,可以监测区块链运行的整个生命周期,从创建、部署到运行,一旦出现安全问题则及时告警,确保区块链的高可用性和可靠性。BaaS 应用于自然资源电子政务有三个方面:① 保证自然资源政务数据安全,防篡改;② 可溯源,防止跨部门协作时出现各部门推诿责任的情况,有利于监管;③ 加快部门间的数据流动,提高跨部门协作办公效率,打破数据孤岛。

BaaS 的概念起源于微软和 IBM。当前，不少软件开发商和头部企业如阿里、腾讯、京东等也陆续建立了相关平台提供 BaaS 服务。自然资源电子政务建设"横向到边""纵向到底"的建设模式，强调跨部门业务协同管理一体化。可信计算环境的搭建是实现跨部门业务协同、流程衔接的前提和基础。考虑到开发和运营成本问题，未来需要持续探索和推广区块链在自然资源电子政务建设中的示范应用，推进自然资源多部门链上业务协同和实时上链加密存储，提高自然资源数据共享和安全管理水平，减少运营和部署成本。

■（三）地理信息系统即服务（GaaS）

GaaS 是地理信息系统分析工具与云服务的有机结合，在远程托管的云基础设施支持下，它可以有弹性地为单个用户或大规模并行用户提供按需分配的地理分析服务，还具有成本效益且能够利用大量计算资源优化对大数据的存储与处理。由于土地管理机构、地理空间智能服务与应急管理通常需要精细的决策工具，且利益相关者往往需要快速决策，GaaS 应运而生。

已有不少公司开始探索由桌面化 GIS 制图分析向 Gaas 云端服务转型。未来，为了更好地适应智能网络制图发展，需要在 GaaS 部署分布式高速缓存服务，以解决利用云计算资源带来的用户控制不足、网络过载与网络故障堵塞等问题。基于快速部署模式与并行、分布式的计算环境，将成为智能网络制图时代应用的重要支撑。

■（四）遥感即服务（RSaaS）

遥感技术在自然资源调查和动态监测业务如土地执法督察等业务中发挥着重要作用，是空间对地观测技术新质生产力的重要组成部分。在自然资源管理领域，多平台、多时相、多分辨率遥感动态监测为水资源、土地矿产等自然资源的调查监测提供了丰富的数据，为自然资源的合理配置和可持续利用奠定了基础。在生态修复和环境保护领域，通过遥感技术获取生态环境数据，并结合 GIS 技术进行分析，制定相应的保护措施，能够更好地捕捉生态环境变化。

打通遥感影像从生产、管理到计算，为各级自然资源管理部门构建端到端的一站式遥感智能服务，是当前发展趋势。结合人工智能、大数据和云计算等技术，通过对遥感数据的自动化处理和智能化分析，积极推动遥感、测绘与地理信息技术的融合，为自然资源动态监测管理、国土空间规划提供准确、可靠的地理信息产品和服务，实现遥感数据共享服务和价值变现；同时，将遥感数据收集、存储、分析、分发和共享纳入自然资源云建设，打造"遥感即服务"新模式。

三、云原生

以数字化、网络化、智能化为特征的信息化浪潮，正深刻改变着数字政府建设的发展格局。当前，云计算已经成为政府数字转型的核心纽带。5G移动网络加速构建、6G技术研发与创新不断推进，沉浸式视频产品研发、数字孪生、大数据、人工智能（AI）、知识图谱创新技术和各类新兴媒体不断涌现。加快新型基础设施建设，打通从大脑到中枢神经再到末梢神经的新型政务服务网络神经系统，推动云端服务器、物联网、视频、边缘计算等技术与AI的协同整合，打造未来支撑政务服务数字化转型的开放数字平台，已经成为电子政务一体化建设的发展方向。在5G和人工智能时代，电子政务将进入一个新的历史发展阶段。

云原生技术是云计算未来发展的趋势。云计算可以将多个软件平台和相关服务整合在一个框架下，通过构建软件堆栈的方式，云计算将各组件打包到容器中，并通过发展基于机器学习、深度学习和神经网络等的调度策略，可以优化云计算资源的利用率。云原生技术以统一堆栈的方式提高了交付的标准化作业过程，大幅提升了云端效能。一方面，松耦合架构会减轻因需求变更导致的系统迭代成本，为多团队并行开发提供基础，并加快交付速度。另一方面，通过标准统一服务架构和应用微服务化进行开发以及服务之间使用标准的API进行通信，云原生技术以统一交付标准和标准容器化的打包方式实现真正的应用可移植性，使得系统建设不再受限于特定的基础架构环境。此外，容器技术按照进程的方式来对系统的资源进行分配，也会降低系统的资源开销，从而降低应用软件高频发布带来的风险，提升软件产品质量。

总体来看，以微服务技术、DevOps、持续交付、容器化为特征的云计算技术，具备高度的故障自愈能力、瞬时弹性响应等特点。云原生技术在自然资源云中的深入应用，将推动自然资源云的计算需求从资源优化转向效能提升，并推动自然资源云建设向敏捷开发、分布式自动部署、快速迭代、按需伸缩、高容错性、松耦合等方向不断迈进。

四、云工作流

自然资源云的建设需要采用云工作流技术。云工作流既可以是云上运行的工作流，也可以是使用自然资源云执行某些任务的工作流。云工作流可以采用顺序、分支、并行等方式编排分布式任务，并按照预设的顺序协调任务执行，跟踪任务的状态。根据预设的状态和不同任务之间的执行规则，云工作流可以协助用户完成任务协调、状态管理和错误处理等工作，确保工作流任务顺利完成。

有一些负面因素会阻碍自然资源部门用户对电子政务的使用，既包括技术性因素，也包括非技术性因素。例如，部门条块分割导致业务无法实现跨部门联动和信息共享。在云计算架构内，全业务流程的执行，需要云工作流技术提供支撑。云工作流对于自然资源全业务流程建设将产生积极影响，并在改善政府服务交付方面发挥重要作用。云工作流针对自然资源业务流程中存在服务断点、计算资源集约化程度低、多任务业务操作切换烦琐、信息服务不够智能化、查询检索不够自动化等问题，为用户提供多渠道、多方式、随需获取自己业务流程的服务，以满足用户对流程服务的需求。

五、雾计算

雾计算是在终端设备和云端数据中心之间再加一层"雾"，即网络边缘层。雾计算使云更接近物联网设备。雾计算为物联网用户提供数据处理和存储等服务，比如在终端设备和云端数据中心之间增加带有存储器的小型服务器，将一些并不需要放到云端的数据在这一层直接处理和存储，以提高服务响应速度。雾计算在地理上分布更为广泛，而且具有更大范围的移动性，具有低延时、位置感知、广泛的地理分布等特性，这些特点都使得雾计算与物联网应用十分契合。

雾节点架构可采用应用层、分析层、虚拟化层、重组层与硬件层等分层方式来满足雾计算的需求。这种分层性结构可以促进不同的服务、应用程序及内容提供者快速部署基于分布式云计算的信息提取与应用。当全面嵌入陆地、海洋、天空的物联网感知设备将自然资源领域相关数据收集后，可以就近选择靠近数据源头的网络边缘侧，提供数据处理和智能计算，这种广域分布式计算方式可以有效减少所需的网络带宽量及与云和各种传感器之间所需的往返通信。

六、多层次算力网络中代价感知任务调度算法

随着越来越多自然资源动态监测设备上云，云计算可以处理各种物联网应用的动态需求。在机器学习、深度学习和神经网络等人工智能技术支持下，云计算和各种物联设施的结合，可以提高边缘层的信息处理和分析能力。依托云服务提供的强大计算能力的基础设施蓬勃发展，能够训练用于图像和语音识别、自然语言处理等方面的复杂模型。在云计算框架下，传统的物联设备已不再是单纯地为了实现监测数据的获取、收集和存储功能，而是在边缘层这一侧就可以完成原云

端服务器的部分工作，这一持续趋势需要云计算、边缘计算、雾计算和海计算等算力资源的动态协作，并发展调度和资源配置策略来支持算力资源之间的协作。

针对计算技术的不同特征以及任务的不同需求，为有效地进行任务调度，激发多层次算力资源的积极性，可以使用基于云雾混合多层次算力网络及计算卸载系统。例如，基于成本效益分析、优先级分析等模型，通过分析不同任务间可能存在的依赖关系，计算不同层次算力可能产生的时延、能耗，建立约束条件和调度目标函数，可构建基于成本-效益分析感知的任务调度模型。根据用户需求级别的不同、任务的不同，结合网络中云和雾资源的不同特性，充分发挥不同层次算力资源的最佳任务分配，实现算力资源应用的最大效益化。此外，也有研究表明，基于势博弈的分布式任务调度算法也可以在系统调度时，在平均代价方面获得近似最优的性能，以提高雾计算的效率。

七、云雾集成式物联网

雾计算能够有效弥补云计算的不足，并和云计算相互配合、协同工作。基于云雾混合型计算的物联网是一种结合云计算、雾计算二者优点为一体的新兴结构范式。自然资源云的建设也可以采用云雾相结合的云计算模式，云可以负责大运算量，或长期存储任务，如历史数据保存、数据挖掘、状态预测、整体性决策等；雾可以负责过滤聚合自然资源数据，初步处理数据，做出实时决策，提供临时存储，提升用户体验。云和雾共同形成一个彼此受益的计算模型，相较于传统形式，其结构拥有更强的性能表现、更快的响应时间、更好的可扩展性与更高的本地精度，能更好地适应物联网应用场景。

第三节 分布式空间数据存储管理技术发展与应用

近年来大数据的发展激发了在集群式计算机中分布式处理大尺度空间数据集的新技术——分布式空间数据管理系统，此类分布式集群计算机系统通常搭建于Hadoop与Spark两类系统之上，其代表为Spatial Hadoop、Location Spark，国内部分知名公司已经开始对分布式空间引擎的研发。

一、分布式空间文件引擎

已往处理多源异构时空大数据时，可以采用"HDFS＋空间数据文件"或"HDFS＋空间索引"等储存模式，但其面向海量数据时处理速度慢、无法对数据汇交建库进行实时更新与追加，因此，从 GIS 应用流程视角来看，无法满足空间数据处理要求，迫切需要发展新的技术。

国内部分软件开发商提出使用分布式空间文件引擎来解决上述问题面临的困境。将 HDFS 作为分布式存储系统，继承了高容错、廉价机器部署、高吞吐数据访问优点；通过引入 Parquet 列式存储来解决储存空间矢量数据问题，保证压缩数据不失真与较快查询速率，同时兼容 Spark 数据处理框架，保证分析时的数据读取效率；支持矢量、栅格和影像等空间数据存储在普通文件系统和云存储中。这使得空间数据文件的共享、分发、归档、追加、更新更加便捷，从根本上突破全量空间大数据储存管理的传统壁垒，实现全量空间大数据的高性能分布式存取、高性能分析、高性能显示及高效管理。

二、Spatial Hadoop

随着用户对位置信息服务需求的不断增长，查询 TB 级别的空间数据已很常见，将海量数据存储于数据中心的不同基础设施，在提高安全性的同时，也使得实现其空间查询变得计算量巨大且复杂。虽然可以应用 Hadoop 之类的分布式计算平台减少其运行时间，但 Hadoop 针对空间数据的特性处理仍然稍显乏力。为提高地理空间数据的查询效率，国外学者提出 Hadoop 扩展版——Spatial Hadoop。Spatial Hadoop 搭建于 MapReduce 成熟的计算框架下，具备原生支持空间数据核心功能：主要包括一个简单的空间高级语言、两级空间索引结构，以及建立在 MapReduce 层的基本空间组件和三个基本空间操作（范围查询、近邻查询和空间链接）；同时考虑空间数据特征，对分布在多级节点中的数据进行协同定位，以提高大量地理空间数据查询的运行效率。

三、Location Spark

Location Spark 是建于 Apache Spark 开源处理引擎之上的分布式空间处理系统，提供大量的空间数据查询操作工具集，例如范围查询、空间文本操作，空间连接以及近邻查询与连接等。为实现空间数据处理的高性能，Location Spark 对内存数据采用多样的不可变的空间索引，并保证这些索引具有低耗费与高容错性，即在 Spark 上搭建两个新层：查询调度器与查询执行器。当查询执行器从空间索引与原始空间查询中寻找最优计划时，查询调度器便负责减少空间查询偏差。同时，为减少处理重复空间数据中不必要的网络成本，在 Location Spark 的空间索引中嵌入布隆过滤器。此外，Location Spark 会对经常访问的空间数据集进行动态跟踪，并将不常访问的数据动态刷新到磁盘中。

第四节 地理空间智能计算与实景三维场景应用

移动、定位和传感器观测等技术的发展，为地理空间信息基础设施实时更新奠定了基础。地理空间智能涵盖地理空间大数据、人工智能、遥感、地面传感器、导航定位、大地测量、激光扫描和摄影测量等诸多领域，在自然资源电子政务建设由"互联网+"转向"人工智能+"时代，地理空间智能为自然资源动态监测、国土空间规划、地质灾害防治等领域提供了新的解决方案。

一、地理空间人工智能（GeoAI）

（一）AI + GIS = AI for GIS 和 GeoAI

未来地理信息相关技术的发展方向是人工智能技术深度嵌入。如使用基于AI技术增强和优化GIS软件功能，将数据挖掘（DM）、自然语言处理（NLP）和计算机视觉（CV）耦合应用于GIS传统业务中，包括AI属性采集、AI测图、AI配图和AI交互等，以实现软件功能的智能进化（AI for GIS）。通过与统计学、机器学习和深度学习等基础理论和算法结合，从空间机器学习、空间深度学习入手推动GeoAI应用，探索包括基于随机森林的地价分类与空间回归、基于二元分类的建筑物影像提取、土地利用类型自动解译分类、城市规划场景分类等应用，以加强国土资源基础信息平台的空间分析处理能力。例如，阿里巴巴达摩院推出的AI卫星遥感影像分析系统，在全球遥感影像智能分析大赛DeepGlobe上联合高德团队，在遥感图片道路网络识别、土地用途识别上均取得了显著进展。

有关人工智能技术突破所带来的新的数据驱动的科学研究范式中，GeoAI是其中的一个代表。GeoAI是2018年后方才兴起的学术术语，将地理空间分析、人工智能、高性能计算三大关键技术交叉汇合，是用于解决数据密集型与计算密集型数据地理空间问题的新兴方案。区别于传统GIS技术的关键点在于，其处理时空大数据的强大能力，及由此带来的时空预测能力质的提升。

GeoAI算法可以分为两种：自底而上的数据驱动的方法和自上而下知识驱动的方法。其建立的标准是以更快的速度识别时空地理大数据，并在此基础之上进行分析、挖掘与可视化。由机器学习主导的数据驱动方法是当前GeoAI的主流，它具有从大量数据中学习并做出预测的卓越能力，且不需要明确的编写分析规则。机器学习也促进了更传统的、自上而下的、基于本体的GeoAI方法的发展与一般的数据库方法不同，本体论方法依赖于知识库，以〈subject、predicate、 object〉三元组的格式提供现实世界实体及其相互关系的语义定义。遵循定义的推理逻辑，每一个新生知识都可以从清晰可追溯的路径得到验证，并具有良好的可解释性。

近年来在机器学习上的突破，如深度学习已经展现出良好的效果和性能。以卷积神经网络为例，空间深度学习模型能够自动从大数据中提取突出特征并帮助对象分类（土地利用分类、图像自动分类、不动产价格分类等），以此辅助精准决策。因此，在地理空间大数据先验知识缺乏的情况下，空间深度学习模型比传统的空间分析方法更加智能。此外，建立高性能、分布式计算环境中的模型也打破了传统卷积神经网络中的众多相互依赖关系。在模型结构参数繁杂的情况下，也能保证比较高的预测精度。

GeoAI 的上述两种实现途径在地理空间中得到了广泛应用。当前，深度学习已被用于图像特征提取、智慧成图、地图元素识别等地理制图领域；机器学习则越来越多被用于社交媒体数据与自然语言文本中的地理语义分析与情感分析中；而知识图谱凭借其在智能问答、隐藏链接预测、语义检索方面的优异表现，逐渐成为地理空间信息检索领域的核心组成与关键支撑技术；此外，诸如激光雷达、建筑信息化模型等的多源异构三维数据也被用于实现三维的对象识别和分类。基于物联网传感器所收集的时间序列数据被纳入循环神经网络中做实时预测与迭代分析。

数据驱动型的 GeoAI 模型不依赖先验知识与理论指导，而是通过试错策略来处理地理空间问题，这种方式主要通过以牺牲复杂模型可解释性为代价而获取较高的预测精度。知识驱动型的 GeoAI 模型则由于太多的约束因素，尽管具有较强的可解释性，但预测效果不太理想。在未来，GeoAI 将充分利用知识域去指导数据驱动模型设计，以此简化模型设计程序，减少训练时间，从而提高模型可解释度与辅助决策能力。

（二）地理分布式机器学习

地理分布式机器学习是将机器学习算法和分布式计算相结合的一种技术。已往的机器学习算法，主要针对某一节点的大数据，或在目标数据已经完全准备好的情况下开展运算。这种计算模式，在面对多中心的数据进行运算时，存在一定的弊端：一是无法及时根据数据的动态变化得到计算结果；二是数据量有限，无法代表全局视野下数据的真实变化。因而，针对不同节点数据，开展相同或相似任务的机器学习，需要不同节点数据共享和协同处理，以提高机器学习任务所采用数据源的准确性。

发展面向地理分布式机器学习的软件框架是解决上述问题的关键。地理分布式机器学习允许用户在多个计算节点上同时进行模型训练，其核心思想是针对存储在不同节点的数据,通过数据并行或模型并行的方式进行计算。数据并行是指将数据进行分割,根据数据特征和类型的不同按照计算规则对分割的数据进行计算,模型既可以是相同的,也可以是不同的。模型并行的方式是指采用不同的学习模型对数据进行计算。通过充分利用不同节点的数据资源和计算资源,地理分布式的机器学习有助于提高业务决策支持能力。

(三)智能网络地图

传统的网络制图往往是通过交互接口储存用户地理数据,再集合 GIS 的地理分析工具处理相关数据,最终在网络协议下实现地理数据可视化制图。但随着 AI 时代的到来,人工智能地图应运而生。

与地理位置紧密相关的服务以及各个行业对地图数据的需求,为自然资源地图数据服务社会应用提供了新的契机,时空大数据智能化应用是自然资源大数据发挥重要作用的新领域。从宏观层面来看,自然资源地理空间数据已经成为支撑国家宏观经济决策和社会经济发展的战略级资源。在云 GIS 支持下,地图制图由传统的静态无时效性的制图正在朝能提供个性化地理空间分析服务的制图方向转变,以实时地理空间预测与自动智能分析为特征,涵盖了文本处理、地理空间基础设施、知识域供给与个性化服务等的语义技术与智能环境,且将集成自动化人工智能技术,并应用高性能、分布式的云原生计算集群,为用户提供实时动态的地理可视化与应用化分析,能够大范围应用于客户端。

二、增强现实/虚拟现实(AR/VR)

增强现实(AR)被解释为"通过叠加虚拟元素来增强用户对现实世界的感知",这种感知的增强可以通过提供与现实和虚拟共存的实时交互来实现。AR 技术体系一般由可穿戴设备组成,该设备生成叠加到真实环境中的全息图像,允许用户以集成方式与真实环境中的全息图和物体进行交互。作为一种新颖的数据可视化工具,AR 在揭示空间数据模式和数据上下文关联方面具有优势。这些优势包括手势交互、语音交互、即时数据叠加等。将 AR 数据用于物理和虚拟空间之间形成的双增强空间映射,可以实现相关位置的上下文感知数据可视化或相关时间的位置可视化等,从而增强用户对知识的传达和理解。

虚拟现实(VR)被定义为"三维计算机生成的模拟空间,它试图复制现实世界或想象的环境和交互"。通过模拟特定环境的物理存在,VR 允许在身临其境的交互式场景中与用户互动,而无须将对象集成到真实环境中。虚拟现实大多仍是现实世界的模拟。与增强现实不同的是,VR 技术使用户完全沉浸在数字环境中,而不让用户看到现实世界。

（一）增强现实地图

AR 数据与现实世界数据进行叠合可视化以及形成的各类交互式操作，对于自然资源管理具有重要价值和意义，尽管这种价值和意义仍然还在探索中。现实世界中的各种对象，其在信息世界中大多具有时空变化特征。借助 AR 技术和视图对齐技术，将真实世界的各类资源和虚拟世界信息进行"无缝"集成，并通过 AR 技术实现现实与虚拟的交互互动，以模拟仿真、三维建模及场景融合等方式，向真实场景或基于综合制图的数字成果输入更丰富、更准确的上下文数据，以帮助用户获得超越现实的体验。因而，当 AR 技术嵌入自然资源决策管理过程，比如嵌入纸质地图或数字地图时，可以减少决策者的脑力劳动、决策时间和所需的领域知识。

AR 技术在自然资源"一张图"中的应用嵌入，可以帮助用户实现将自然资源数据库中的各种信息，如自然资源调查中产生的地理空间对象属性信息、行政审批过程中产生的各种业务类数字信息叠加到现实世界的场景中，起到对理解现实世界复杂性"增强"作用的现实体验。VR 则可以帮助用户创造出一种完全虚拟的现实世界或环境，并让用户通过头盔式显示器或其他设备沉浸于其中。而 MR（混合现实）技术则是 VR 技术的进一步发展，它结合了 AR 和 VR 的技术优势，可以帮助用户在现实场景中呈现虚拟现实场景，为用户提供一个全新的可视化环境，并与现实世界实现实时交互。

业界已经注意到 AR 技术在制图中的应用，并将 AR 技术应用到地图数据应用场景中。例如，通过使用 Unity 开发引擎和 SDK 开发工具包，实现交互式地图 App 开发。当使用智能手机实时扫描地图时，在智能手机屏幕上虚拟展示与地图匹配的 3D 场景、动画或图文，通过点击、缩放等交互方式可对传统的地图内容进行扩展，从而提高地图的信息容量。此外，将自然景观置于 3D 虚拟地理环境中，可以进一步增强用户对空间环境变化的感知和认知。例如，通过构建真实或想象世界的虚拟地理环境，可为规划中的公众参与和利益相关者的协作提供与真实环境对应的虚拟环境支持，并可模拟规划产生的后果和变化等。

（二）无人机技术＋AR 技术应用于自然资源调查

无人机已被广泛应用于测绘、灾害救援行动、空间信息获取、建筑物检查、无人区数据收集、地球物理勘探、交通运输、生态保护等领域。借助无人机平台，通过搭载广角、变焦、红外、激光等多种传感器，能够帮助自然资源管理部门获取业务管理所需的照片、视频、红外、正射影像、倾斜影像等多元数据。相比传统星载、机载遥感平台，无人机能够以更高的时空分辨率、更低的成本，更容易、更安全地收集数据。

无人机赋能自然资源空间数据获取、动态监测、国土空间规划、执法督察等领域业务应用，是未来发展趋势。当前，无人机在地籍测量、土地利用变化监测和规划实施与评价等方面都具有重要作用。未来结合 AR 技术与 GIS 技术，以无人机操控云台为视角，调整三维 GIS 场景参数（视场角、相机位置、视口范围等），将三维 GIS 视口的空间坐标匹配到无人机视频的坐标中。通过视口叠加，将三维地理信息融合到视频当中，并支持将点、线、面、文本矢量对象显示绘制到现实场景中，能够实现快速进行目标图斑定位，判别虚实空间差异，辅助判别目标地物的状态，对土地执法中的违法用地行为和矿产执法中的越界开采行为，提升监督与查处效能，降低误判风险，达到增强现实的目标和效果。

（三）AR/VR GIS

AR/VR 技术也可以和 GIS 技术相结合。GIS 研究者已经预见并开展了 AR/VR 技术结合地理空间分析与网络制图的潜在价值与部分相关应用。已有研究者使用 VR GIS 环境搭建三维的路由查询、导航、可视性分析的平台。目前的 VR GIS 研究大多停留于对土地景观、地质地貌结构、大尺度的城市与交通工程设计结构、地球系统的自然结构进行模拟与仿真。未来商业化大规模的生产支持虚拟地理环境的设备即将成为可能，VR GIS 的概念仍然具有发展潜力。

与 AR 和 VR 相关的技术还包括混合现实（MR）技术，这类技术也通常和实景三维、数字孪生等技术结合在一起，为现实世界各类地物对象的管理提供便利。例如，在城市规划中，城市与景观规划师利用 GPS 进行对象定位，辅以空中无人机传感器传回图像数据。结合 GIS 地理空间分析能力识别前景要素，开发基于 AR 的软件应用，以实现应用与现实要素之间地理坐标准确对齐与呈现对象吻合，在智能手机屏幕上显示各类建筑物的丰富信息及实际方向导航。

使用 AR 技术与 VR 技术的关键是能够使用户通过屏幕接口获取更为直观、立体、丰富的地理空间信息，目前对于 AR/VR GIS 的研究工作将成为融合 AR、VR、GIS、网络地图的理论基础，未来上述技术的交叉结合将为实时决策等提供平台，实现现实世界的任何改变均能在虚拟地理空间产生映射。

三、数字孪生（DT）

当前，DT 已经在工业制造、智慧城市、智慧水利、数字政府、智慧交通、智慧金融、智慧能源、智慧社会等领域得到广泛应用。随着信息通信技术成为自然资源智慧化管理发展的主要动能，应用 DT 等信息创新和智能化手段推动自然资源部门工作流程优化和再造已势在必行，通过更多新技术的引用和新行政手段的落地，推动更高效便捷的流程替代现有工作流程。

当前，全域感知、数字模拟、仿真建模、深度学习、物联网、动态推演等各领域的技术发展即将迎来拐点，移动通信、互联网、云计算、传感器、人工智能、量子通信在自然资源信息化中的各种应用正不断深入，这使面向大场景的数字孪生在自然资源管理中的应用变得可能。数字孪生技术正受到自然资源部门的密切关注和重视，该技术与地理信息技术融合，被业界视为实景三维技术的关键技术支撑，有助于实现对自然资源"三生"（"生产""生活""生态"）空间或三类空间（"现实空间""数字空间""未来空间"）动态变化过程的一体化管理。

（一）数字孪生与实景三维空间场景

数字孪生通过建立与现实世界实体的虚拟实体映射来实现对现实世界中各类真实实体的管理。通过在物理世界和虚拟世界构建一个巨复杂系统，DT可以实时模仿其物理孪生的状态。DT也为不可见和需要预测的应用场景需求提供了基于信息技术手段的现实测量。通过构建虚拟世界实体，连接物联网和人工智能等现代信息通信技术，DT可以实现对现实世界中各类实体时空动态变化过程的观察、控制、预测、仿真、模拟或重大历史事件重现等。其主要技术特征表现在以下几个方面。

（1）数字镜像或虚拟映射。数字孪生中的虚拟对象和现实世界中的物理实体在几何、结构和性质方面具有对应关系，是现实世界在机器世界的映射，这为通过机器世界中的虚拟实体实现对现实世界中的实体的管理和操纵提供了基础。

（2）虚拟对象之间的信息交互。传统关系数据库对现实世界实体的概念抽象主要建立在文字、图形等符号层面。与传统关系数据库对现实世界实体的概念抽象属性层面上的概念建模不同，数字孪生通过精细化几何建模、有限元建模等方式来建立现实世界实体在机器世界中的模型，以数字化方式从计算机视觉角度出发对现实世界实体实施三维立体重现，通过赋予虚拟实体以时空特征和属性特征，在信息技术辅助下，虚拟实体之间的交互作用关系得以重塑。

（3）虚拟对象信息可编辑性和可计算性。与现实世界实体不同，虚拟实体的各种属性信息可以按照业务需求或用户需要进行设定、编辑和修改，是一种构建于多维度信息基础上的数字孪生体。因此，理论上，单个真实空间可以有多个虚拟空间，分别表示不同时间、不同阶段中的真实世界模拟。这为利用虚拟实体模拟现实世界的实体的发展状态、演化过程、运行规律，结合空间分析、数学建模等地理计算方法实现对物理实体未来时空状态变化和属性变化的预测推演提供了可能。

（4）虚拟对象和实体对象之间的信息交互。真实空间、虚拟空间之间存在数据/信息流动的链接机制。通过建立虚拟实体和物理实体的动态关联，辅以相关管控措施、工具或手段，如通过云计算、雾计算、边缘计算、数据中台、人工智能以及基于设备感知的实时数据接入与智能决策控制，管理决策人员通过对虚拟实体的管理，可以实现对真实世界物理实体的管理，做到以虚控实。

自然资源管理中的数字孪生应用场景包括三维地质体（如矿山、滑坡等）的结构和表达、地上地下构筑物的三维表达、地上地下一体化孪生场景的全空间数据多维表达等。自然资源大数据中心建设，为面向自然资源环境、自然资源管理对象、人类活动、自然资源业务管理等为主要内容的多维数字虚拟镜像空间的建立及数字孪生平台的建立，积累了丰富的数据源。数字孪生技术在自然资源管理中的应用和推广具有良好的数据基础，也具有实际需求。此外，数字孪生技术也可和 VR、AR、MR 等技术结合，通过多源异构数据融合、平台服务一体化、三维立体可视化呈现等技术创新突破，融分析决策和协同指挥于一体，实现对现实世界真实实体全生命周期、实景三维一体化管理。

（二）数字孪生与平行地理空间

科幻小说和电影中出现的"平行世界"概念已经逐渐为人们所熟知和认识。早在 1991 年，David Gelernter 就提出了一个类似 DT 的概念，即软件模型从物理世界的信息输入中模仿现实，被称为"镜像世界"。自然系统在各大圈层交互作用下得以发展和演化，在人类活动各种复杂因素的作用下，自然系统的发展和演变存在着各种可能。如果将自然系统的演化看作是不同的时间片段所组成的事件组合，理论上，这种叠加人类对自然资源的利用活动过程的复杂系统的演变存在多种可能，现实世界真实事件的发生应是各种可能中的一种。因此，有学者提出使用空间数字孪生（SDTs）概念和技术来协助现实世界地理空间对象变化的动态监测、规划和变化趋势预测。

尽管 SDTs 与三维建模、仿真模拟和可视化技术紧密相关，但 SDTs 的能力和实际应用价值应远远超出这些范围，在更高一级层次上，有必要通过 SDTs 来实时监测和预测自然系统中物理实体变化趋势，生成知识、远见与洞察并与现实世界实体交互反馈，通过调整人类自身的行为以提高自然系统的性能和效率。在技术实现上，已有研究开始尝试以 Unreal Engine 5 为代表的游戏引擎作为数字孪生的三维实时渲染技术，并结合三维 GIS 技术，将具有真实坐标、多源异构、在线和离线地理信息的数据载入游戏引擎中，为虚拟世界的展示提供地形、地貌、天气、光影等各种物理特效，构建实时平行的数字孪生化地理空间，以此模拟自然资源管理面对的动态实时场景。这种场景，为自然资源各项业务应用和数据服务提供了新的契机和可能。

四、数据空间建设与数据画像

在信息化时代，自然资源管理所面对的不再是单一物理世界中的各种自然资源实体，而是物理世界、人类社会与数字社会共同构成的复合体，自然系统和社会系统存在复杂的联系和信息交互。利用信息技术构建数据空间，将人、设施、信息和自然资源地理空间要素以数字化的方式整合进开放式网络，通过系统、服务和功能，能够为政府、公众和企业提供智能化服务及决策支持。借助数字孪生、动画仿真、实景三维、虚拟现实等技术，物理世界在数据空间中得以重建，自然资源管理对象所处的环境系统及其运行情况可以通过数据空间得以展现。自然资源数据空间为利益相关者提供了由数字化技术所创造的虚拟环境并与物理世界实体相对应，为利益相关者参与、业务活动的相互连接提供了共同的平台，从而为不同的利益相关者在现实世界和虚拟世界之间进行比对、分析和决策提供了有力的工具支撑，自然资源数据空间管理从二三维空间实体对象的一体化管理到时间因素的嵌入，拓展了决策者对现实世界的感知形式、认知模式和沟通方式。

数据画像则是根据数据科学的相关理论，依托数据治理技术，按照业务需求，分别从表级和字段级对表、关联表、字段、关联字段进行画像，并对业务数据进行深入分析，从不同的视角全景化展示自然资源各类业务运行状况，得到数据画像中隐藏的信息和价值，使业务数据能够高效地服务于自然资源动态监测、业务运行分析、报表统计和决策支持。

第五节 多传感网络协作感知与多源数据综合集成

物联网是5G技术应用的重要领域，在高精度传感器和高速网络的加持下，更多维度的数据将为自然资源业务监管能力提升带来质的飞跃。未来的传感器，将朝高精度、小型化、低功耗、智能化等方向进化。

一、数据感知和管理相关技术发展

目前各类传感器多达上万种，包括温度传感器、位移传感器、加速度传感器、红外传感器、矢量传感器、压力传感器等，由此产生大量的自然环境和人工建筑物信息，以及不同波谱区域如可见光、红外、近红外等影像数据。随着物联网各项技术在自然资源领域加速渗透和应用，自然资源管理中使用到的各类传感器无论是在种类和数据量方面均在增多。自然资源动态监测所依赖的传感器，既包括部署于地面的传感器，也包括机载、星载遥感平台。要实现不同平台观测数据的融合，持续提高动态监测能力，则需在数据感知层面和数据处理层面不断提高数据的应用价值。

提升传感器数据应用价值的途径之一是加强传感器网络的协作感知，并推动不同来源数据的有机融合。随着技术的不断进步，传感器在空间、光谱和时间传感能力等方面都已经远远超出传统的遥感边界，并由早先基于单传感器系统向基于多传感系统不断迈进。使用多个平台获取的感知冗余数据可以实现更好的轨迹和对象空间重建。

二、基于移动群智感知模型的数据嵌入与融合

提升传感器数据应用价值的另一种途径是发展人群传感的潜力，即移动群智感知（MCS）。MCS 的兴起与智能手机的普及密切相关。移动群智感知模型也被部分学者称为移动群智计算，并与边缘计算、云计算、虚拟仿真、实景三维等技术相结合。

MCS 结合了众包的思想，其核心是将普通用户的移动设备作为基本感知单元。MCS 涉及大量拥有能够感知和处理的智能终端设备（如平板电脑、可穿戴设备）的个人共享数据，以提取信息、分析信息并提取结果。公众在移动互联网中协作，可能是有意识的，也可能是无意识的，通过 MCS，对公众产生的网络行为、志愿地理数据、移动轨迹数据等，可以完成大规模的、复杂的社会感知任务。各感知节点（即移动设备）分散地、分布式地收集数据，使得 MCS 具有感知范围广、感知内容全面、成本低、可扩展性强等特点，MCS 是物联网数据感知的新型模式与重要手段。

MCS 数据包括支持位置的智能手机、GPS 设备、地理标记照片以及各种视频流等。通信运营商所掌握的用户移动信息如信令数据等也是 MCS 数据来源。MCS 感知到的空间通常是人群高密度地区、人们高度关注或感兴趣的区域，例如密集的建筑区域、高活力的城市空间、交通走廊或重大突发事件发生区域等。

显然，加强 MCS 数据应用对于国土空间规划、城市规划、自然灾害危险性评价、建设用地布局优化等具有重要价值。相关研究证明，大规模传感器应用从 MCS 数据采集功能中受益匪浅。例如，在土地分类应用中，采用众包数据、志愿地理数据和传统感知手段获取数据进行融合的方法，可以提高分类精度。作为标记数据来源，MCS 数据可以为土地利用分类和制图活动减少训练数据收集所需的时间和成本，加快土地利用分类和制图进程。

三、矢量瓦片地图技术

地理数据的高效传输和个性化显示是自然资源电子政务电子地图服务的关键问题。这类问题不仅需要实现地图浏览、查询、检索等传统的基本操作，也对海量空间数据快速展示、个性化展图表示以及高级分析可视化提出了要求。针对海量的栅格数据，如遥感影像的查询和显示，已经发展了栅格瓦片金字塔技术。针对用户对栅格影像的数据请求，栅格瓦片金字塔技术允许系统在服务器端预生成各种细节级别的地图切片。切片地图不提供真实数据，而是提供预构建的数据预览，因而通常具有较短的响应时间。这种方法也有局限性。例如，栅格切片由预渲染的地图数据组成，限制了用户对原始数据的编辑和分析。此外，针对栅格数据的处理缺乏交互性和较强的空间分析功能。

矢量数据在基于 Web 的 GIS 应用程序中得到广泛应用，矢量数据本身较复杂，并且不容易动态可视化。因此，在处理大量矢量数据集时，矢量数据比栅格数据更具挑战性。与前述基于栅格切片方法类似，针对大数据的矢量数据，为了提高基于 Web 的 GIS 矢量数据的应用性能，需要发展矢量瓦片地图技术，以便将用于传输的矢量数据切分成较小的数据单元，实现矢量数据的切片和渐进式传输。矢量瓦片金字塔是一种分层模型，其中矢量数据存储为具有不同细节级别的瓦片，形成从粗到细分辨率的金字塔结构。针对同一细节层次，空间数据被划分为大小统一的切片。在金字塔的不同层次上，空间数据基于多层次细节模型被推广到不同的分辨率中。与栅格瓦片金字塔相比，矢量瓦片金字塔在空间分析和用户交互方面具有显著优势。

四、移动平台的海量真三维数据显示技术

实景三维技术能够将现实世界以直观的方式在数字世界中予以呈现，因而，在国土空间规划、城市规划、不动产登记等业务中具有重要应用价值。伴随着智能终端设备的普及，将实景三维显示和表达向移动平台迁移是未来发展趋势。自然资源实景三维模型数据量往往较大，这对移动端的海量三维数据在数据传输、实时显示和场景渲染方面提出了诸多要求。在移动端实现海量三维数据显示与操作，考虑到时延和显示效果，需要考虑海量数据的分块动态加载、面向不同分块数据的渲染方法选择，以及用户对三维空间中的数据、模型、场景等内容进行操作与交互等。与此相关的有渲染引擎、三维数据模型的组织方式、层次细节模型，以及基于移动端的平台和应用程序开发，实现移动端对三维场景的平移、旋

转、缩放等空间数据基本操作功能，以及提供距离量算、高度量算和面积量算等基本空间分析功能。

第六节　空间区块链技术与隐私计算

随着自然资源电子政务的建设与发展不断深入，传统的边界安全模型在多形态的政务服务和办公环境下已难以适用。自然资源部门内网流量和服务通信端口总量不断增长，增加了信息安全监控和保护的难度，传统防火墙基于固定 IP 的安全策略已经很难适应这种持续的动态变化，无法准确捕捉各应用间的网络流量和异常行为，自然资源数据库中存储的数据可能存在遭受篡改或数据丢失的风险。

一、区块链

（一）空间区块链

空间区块链是"区块链技术＋地理空间大数据"探索研究的前沿领域，目前已有一些公司开始尝试。某种程度上，区块链可视为一种分布式数字账本技术，它使用点对点的方式来共同验证、记录和存储交易信息。在存储结构上，区块链由一系列区块组成，并通过哈希函数来标记数据，每一区块记录了唯一的哈希值、时间戳、链接区块的哈希值和交易详细信息。在区块链中，任何数据的轻微改变都能通过不同的哈希代码反映出来。借助区块链的这种特性，通过构建智能合约等数据更新约束机制，能够确保区块中的数据免受未经授权的更改。

将区块链技术应用于地理空间数据的组织、管理和访问，有助于提高地理空间数据的安全性。在具体实施上，区块链可分三种模式：公共、私有和混合。不同模式的安全访问机制，可以通过授予参与者只读（"只能访问不能修改"）和写（"具有将交易添加到数字账本权利"）等访问机制来进行区分。公共区块链一般面向公众开放，用户无须经过批准即可使用区块链中的数据，并查看或提交交易。在私有区块链中，只有授权用户才能在数字账本中进行修改和创建交易。混合区块链则通过构建公有区块链和私有区块链的模式，规定公共区块链使数字账本可供公众访问，而私有区块链只授予部分用户在数字账本中生成交易的权利来实现数据的安全管理。

空间区块链是具备空间数据管理能力的区块链。将区块链技术应用于空间数据系统所具备的安全、透明特性,对于地理空间数据的组织和安全管理尤为重要。结合区块链高安全、可追溯、高可信的特点,将区块链技术与空间数据管理技术进行整合,推动敏感地理空间数据上链,搭建空间数据管理区块链网络平台,开发支持空间区块链的地图服务、数据服务和数据历史服务,保障关键业务信息的历史追溯、共识信任、防篡改,有助于提高自然资源业务信息和敏感地理空间数据的安全性。

(二)基于区块链技术的互联网+不动产登记服务

在不动产登记业务中,使用区块链技术能够为构建更安全、更透明、更快速的不动产登记交易管理模式提供便利和支撑。与传统的不动产登记业务数据管理方法和程序相比,存储在区块链上的不动产业务信息比集中式系统更安全。这种安全性表现在:① 由不同业务部门参与构建的业务数据链条,对于所有参与方而言,是统一的,且无法单方面篡改;② 在智能合约的约束下,针对区块链中任何信息的修改,需要经过一定的规则和指定的主体同意方可进行,且修改信息能够被追溯;③ 区块链中的数据更新机制、哈希算法、加密算法和数字签名等技术的融合应用可以保证不动产业务数据免遭篡改和伪造;④ 业务数据多点拷贝、分布式存储模式和数据统一共享模式,确保了区块链数据在不同的网络成员间充分共享的同时,保证业务数据同步和数据的实时性,避免单个节点的故障带来的系统崩溃。

不动产登记业务对信息系统的要求之一就是保障业务开展能实现数据实时同步,确保数据安全和不同部门不同的业务参与方之间对各自数据的信任,建立可信、互信的计算环境。利用区块链技术的密码算法、共识机制、防篡改和智能合约等核心特性,可以帮助不动产登记部门实现这一目标。当前,不动产统一登记改革不断纵深推进,对不动产登记信息的采集、传输、安全和共享提出了更高的要求。将区块链技术融入不动产业务管理,搭建不动产登记信息全生命周期管理平台,能为不动产登记提供一个分布式、透明、安全、可靠的业务数据管理系统,并推动不动产登记信息跨部门共享,在更好地保障业务数据准确性和真实性的同时,提高不动产登记业务数据全生命周期的可追溯性。

二、隐私计算

在大数据时代,数据作为生产要素之一,与人工智能、数据挖掘等共同组合构成的新质生产力,推动着自然资源业务系统建设从"互联网+"向"人工智能+"方向转型。自然资源业务中场景化新应用的不断涌现,越来越需要确保多方数据流通和共享过程中的安全。例如,在国土空间规划领域,相关规划部门需要综合使用人口、经济、国土利用、生态环境等数据进行联合建模,在此基础上,编制国土空间规划;在规划实施评价方面,需要建立评价和考核指标体系,综合利用现状和调查数据,落实耕地保护、农业发展和国土空间用途管制情况;在土地执法领域,执法部门、监管组织机构和决策机构需要通过违法用地数据的建设和共享,建立部门协作和信息互通工作机制,以及时发现、制止和查处违法违规用地行为;在地理测绘、国土空间规划、耕地保护、不动产登记等具备大量数据的领域,推动各部门数据共享和安全利用已经成为自然资源规划和管理以及相关措施和政策落地应用必不可少的组成部分。

数据安全涉及采取措施保护数字信息免遭未经授权的访问、披露、更改或破坏。它包含各种策略,如加密、访问控制、防火墙和身份验证机制,以确保数据的机密性、完整性和可用性。自然资源数据安全对于地理空间等敏感信息的保障和使用至关重要。隐私计算是指在提供隐私保护的前提下,将隐私保护技术集成到计算系统的设计和执行中,以实现数据在加密状态下传输和使用或在非透明状态下进行计算,以达到保护各参与方隐私的目的。这些算法包括差分隐私、同态加密等。这些方法的使用,允许将数据用于分析,而不会泄露有关单个数据点的敏感信息。

隐私计算也可以很好地解决将政务数据开放给社会的同时对数据的隐私保护问题,解决数据共享与隐私保护之间的平衡问题。通过构建数据安全与隐私保护引擎,针对需要保护的信息进行智能打标,使用人工智能技术对数据进行安全增强、使用基于密码学的多方安全计算技术以及威胁识别的智能技术,可以为自然资源数据提供安全保障。

第七节 自然资源在线政务一体化服务模式创新

伴随着全国在线政务一体化建设与发展,自然资源在线政务服务模式也不断创新,例如"政务+直播""一码管地""云上供地""云网签""政银合作""一证通办""无感通办"等。通过对国内自然资源电子政务应用经验的梳理,表8-1根据物联网、新型基础设施建设、移动互联网、大数据、云计算、人工智能、知识图谱、三维仿真等在自然资源电子政务建设中的应用,归纳了部分地区的经验和做法。

表 8-1

技术类型		自然资源领域应用及趋势		电子政务领域应用及趋势		技术特点及优势
		应用案例	发展趋势	应用案例	发展趋势	
物联网	国土资源监管	用无人机采集高分辨率影像，结合移动执法终端，通过无线网络远程传回数据中心分析处理，实现自然资源动态监测、执法监管一体化	(1) 物联网感知设备将被自然资源部门以更高密度全面嵌入陆地、海洋、天空，进一步形成"天-空-地-海一网"自然资源一体化监测体系；(2) 区域各类自然资源要素调查监测得以落地，全时、全域、全方位、全体化的"互联网+"监管体系即将实现	东莞市利用智能物联网，从各类终端感知社会公众的服务申请，精准投送业务部门审批，可动态查询追踪办件进度及结果，物流寄送位置，并实时感知反馈用户"好差评"，实现政务服务不见面网上办	(1) 技术标准逐步统一；(2) 数据安全得到保障；(3) 新兴技术深度结合；(4) 电子政务智慧转型	(1) 特点：万物互联、可识别、通信传输、智能化。(2) 优势：透彻感知、可靠传输、快速响应、智能处理与决策
	国土空间规划	智慧广东时空云平台开发了物联网引擎与其他自然资源厅共享，满足部门"数据共享""业务协同"需求，实现国土空间规划可共享与可视化展示等功能，集成国土空间专题数据的综合展示	"天上看、地上查、网上管、掌上督"的全方位、多维度、立体化的"互联网+"监管体系即将实现			

第八章 自然资源电子政务建设技术创新发展与应用

续表

技术类型	自然资源领域应用及趋势		电子政务领域应用及趋势		技术特点及优势
	应用案例	发展趋势	应用案例	发展趋势	
物联网	不动产确权登记：江苏省将物联网RFID技术用于不动产登记档案管理，赋传统纸质材料以识别码供计算机自动识别，减少了人员投入与审批时间，实现了智能档案管理，提高了工作效率 生态修复：江苏太湖及江西鄱阳湖在生态保护红线内布置传感器监测生态环境，收集环境变化信息，辅助生态修复决策 地质灾害监测：四川省与贵州省地质灾害监测预警平台，建立实时全天候地质化监测体系，缩短监测预警周期，保障信息灾情地与调度中心共联互通	（1）物联网感知设备将被自然资源部门以更高密度全面嵌入陆地、海洋、天空，进一步形成"天-空-地-海一网"自然资源一体化监测体系； （2）区域各类自然资源全要素监测得以落地； （3）"天上看、网上办、掌上查"的全方位、多维度、立体化的"互联网+"监管体系即将实现	地理信息公共服务：新加坡OneMap地理空间数据共享平台，综合城市传感器数据和地图服务，面向公众开放公共服务设施位置查询，并为基于位置服务（LBS）企业开放数据平台 智能档案管理：杭州市采用RFID技术为各类业务档案提供电子标签，自动调拨并追踪流通归还状态，衔接库房环境传感监控，实现可视化查询管理，减少业务审批中档案流转时间	（1）技术标准逐步统一； （2）数据安全得到保障； （3）新兴技术深度结合； （4）电子政务智慧转型	（1）特点：万物互联、可识别、通信传输、智能化。 （2）优势：透彻感知、可靠传输、快速反应、智能处理与决策

续表

技术类型	自然资源领域应用及趋势		电子政务领域应用及趋势		技术特点及优势
	应用案例	发展趋势	应用案例	发展趋势	
新型基础设施建设	自然资源开发利用：依靠5G网络信息的"高速公路"，可以布设更高密度的感知设备，开发实现对自然资源利用情况的更高精度、全天候自动感知	新型基础设施建设为自然资源信息化提供了重要机遇。以5G、物联网等为代表的通信网络基础设施，已经成为自然资源管理创新发展的新领域、新平台、新渠道	5G联网政务 无人机：在警务部门，无人机可协助完成空中监控、日常巡逻、搜索跟踪等任务，发生突发性事件时，能够快速飞抵现场开展工作，并进行高质量视频与实时音频采集，以供指挥中心判断和决策	(1) 城市大脑建设与发展，推动城市管理的智能化发展；(2) 推进数字化建设、完善网络政务大厅，打造政务一体化服务体系	(1) 特点：信息化、数字化、智能化、网络化。(2) 优势：加速提升政府治理能力的数字化、网络化和智能化
	测绘与地理信息管理：华为公司与长光卫星合作，充分发挥云、AI、5G、大数据等技术优势，将华为云算力与长光卫星遥感数据服务进行综合集成，构建卫星遥感智能一体化服务及应用，在农林生产、环境监测、智慧城市、地理测绘、土地规划等领域的广泛应用	云计算、大数据、人工智能等融合基础设施，推动着自然资源的数字化、网络化、智能化；科教基础设施等新基础设施推动着自然资源领域的科技创新与成果转化			

续表

技术类型	自然资源领域应用及趋势		电子政务领域应用及趋势		技术特点及优势
	应用案例	发展趋势	应用案例	发展趋势	
新型基础设施建设	国土资源动态监管和执法监测：海南省构建了由空中无人机、地面指挥通信车和海洋信息通信专网组成的无人机数据传输链路，能够将人员难以抵达、通信基站网络信号无法覆盖的海域海岛现场影像实时远程回传并高清展示		城市管理：北京市海淀区建设了"城市大脑样板间"，集中展示海淀区智能城市建设中的城市管理、公共安全、生态环保、城市交通四大场景，辅助政府进行可视可感的管理决策		

续表

技术类型	自然资源领域应用及趋势		电子政务领域应用及趋势		技术特点及优势
	应用案例	发展趋势	应用案例	发展趋势	
移动互联网	数据采集和管理：上海市某野郊公园使用移动端技术、GIS技术，以空间位置信息为索引，建立了多种数据源一体化采集机制	移动互联网依托移动GIS技术，发挥移动设备流动性强的特点，以客户端APP、微信公众号、小程序、微博等应用为载体，在自然资源领域中，使数据采集和管理更方便快捷和准确，提高相关监督部门的工作效率，更好地对城市进行规划设计、新建城市项目审批建设	便民服务：广东省推出的"粤省事"APP，将过去的以部门为中心的办事模式转变为以群众为中心的服务模式，每项业务最多跑一次，实现便民服务的宗旨	以"移动办事"为牵引，全方位、全区域、"无处不在"构建全渠道、全领域政务服务的"一证通办"，陆续推出"无感通办"等移动互联网创新实践。在5G网络基础设施全面进行、云计算领域加速转型、人工智能领域科技创新得到加强，各种移动应用建设也在快速发展，全国一体化政务服务平台移动端建设正逐渐成为政务服务的重要渠道	(1) 特点：便捷性和便携性、即时性和精确性、感触性和定向性。 (2) 优势：流动性强，覆盖面广；携带方便，操作便捷；可靠性高，投入较小
	违法行为移动监测：湖北省武汉市推出的MapGIS自然资源移动"一张图"采用地理信息新技术、通过GPS连续采集、交互采集等方式，将自然资源采集的数据专题叠加分析，实现对违法情况的监测		移动电子证照服务：江苏省电子证照共享服务平台，推出移动电子证照服务，通过手机端扫码向政务服务综合受理平台提出"用证"请求，手机端"亮证"办理相关业务		

166

续表

技术类型	自然资源领域应用及趋势		电子政务领域应用及趋势		技术特点及优势
	应用案例	发展趋势	应用案例	发展趋势	
移动互联网	自然资源执法督察：安徽省太湖县国土资源局根据 App 自带的图斑核查功能、定位导航、进行图斑的拍照、不同角度的拍像，实地完成举证，进一步防止用地情况的弄虚作假	移动互联网依托移动 GIS 技术，发挥移动设备流动性强的特点，以客户端 App、小程序、微博等应用为载体，在自然资源领域中，使数据采集更方便、快捷和准确，可以提高相关监督部门的工作效率，更好地对城市进行规划设计、新建项目审批	舆情管理：包括环境保护舆情监测、土地利用变化舆情监测、人口承载力舆情监测、生态环境问题舆情监测等。如利用百度、搜狗等搜索引擎搜索"不动产登记"、"办证难"等关键词，处理好政务	以"移动办事"为牵引，构建全渠道、全方位、全区域的"无处不在"政务服务，陆续推出"一证通办"、"无感通办"等移动互联创新实践。在移动互联网发展方面，5G 网络基础设施正在全面进行，云计算、人工智能领域科技创新得到加强，各种移动应用建设也在快速发展。全国一体化政务服务平台移动端建设正逐渐成为政务服务的重要渠道	(1) 特点：便捷性和便携性；即时性和精确性；感触性和定向性。 (2) 优势：流动性强、覆盖面广；携带方便、操作简捷；可靠性高，投入较小
	自然资源资产审计：四川省广安市，广元市通过移动设备进行导航、定位、图形测量、属性测量、拍照取证等任务，实现对资产的定性、定量、定性评价，为精准审计提供技术支撑		违法行为移动监管：部分省（自治区、直辖市、市）使用无线网络和特制的 PDA，在土地取证和处罚执法行为取证和处理工作中取得了很好的效果		

续表

技术类型	自然资源领域应用及趋势		电子政务领域应用及趋势		技术特点及优势
	应用案例	发展趋势	应用案例	发展趋势	
移动互联网	国土空间规划：腾讯助力四川省构建数字化、智能化的国土空间规划体系，在位置大数据领域充分发挥大数据实时、动态的特点，实现国土空间规划的可感知、能学习、善治理和自适应		城市治理：软通智慧携手华为建设研发大数据中心，将大数据与人工智能等进行融合创新，实现各类信息资源的调度管理和服务封装智慧化	（1）推动全流程跨部门业务协同；（2）通过数据抽取、数据挖掘等技术，打造政务知识库；（3）整合各类政务信息资源，实现政务数据共享；（4）为管理提供依据，建策科学决设智慧政府	
	自然资源治理：中国联通与自然资源部信息中心携手合作，依托中国联通大数据、5G等相关能力，通过人类活动大数据的深度挖掘，满足"智慧规划"的发展要求，推动自然资源治理走向精准化		电子政务审批：衡阳市对海量多源异构数据、文件空间数据等实施一体化高效管理，搭建了"放服管"电子政务审批系统，全面促进了办公流程可定制、业务流转过程公开		

续表

技术类型	自然资源领域应用及趋势		电子政务领域应用及趋势		技术特点及优势
	应用案例	发展趋势	应用案例	发展趋势	
大数据 / 数据交换共享	湖南省利用地理信息大数据共享平台，实现海量空间数据、业务文件数据的关联融合和统一管理，有效避免重复建设，实现共建共享		政务服务：北京市通过建设市级政务大数据平台，通过图像识别进行信息提取，对政务场景进行数据关联和建模，实现政务服务的智能化和个性化		
大数据 / 云平台建设	HBase Ganos正式上线，结合时序、时空等多模数据综合处理能力以及云上Spark大数据分析计算服务，构筑空间时空大数据在线应用平台		国土空间规划编制、监测与评估	以基础调查、遥感影像为基础，结合人口分布、城市活力、安全应急、地图导航等时空大数据，推动国土空间规划朝精细化、精准化方向发展	

续表

技术类型	自然资源领域应用及趋势		电子政务领域应用及趋势		技术特点及优势
	应用案例	发展趋势	应用案例	发展趋势	
云计算	国土资源执法高效化：山东省淄博市国土资源局与阿里巴巴合作，利用阿里云人工智能技术，实现了卫星遥感照片的自动比对、识别与分析，提高国土资源检察执法的工作效率，国土监察工作模式由事后处罚转变为事中干预	云计算以及大数据技术在国土资源信息化建设中的运用将对信息管理系统的访问速度大大提高，显著提升信息服务水平，解决针对国土资源信息高度共享和便捷服务的问题，提高信息公开水平。革新国土资源专业门户网站的建设技术	政务云服务平台：舟山市政务云平台集成80多个电子政务系统，利用网络虚拟化服务器和虚拟化网络设施，实现异地数据的信息统一调度和应用，实现异地备份	利用云计算作为电子政务发展基础，并结合人工智能、大数据等先进理念作为支撑，通过云计算的平台强大的计算力。结合大数据挖掘、人工智能、5G等技术的重要补充，为政务电子化、数字化的智能化提供有力的后盾，助推电子政务智能化发展	（1）特点：超大规模；虚拟化；通用性；高可靠性。（2）优势：提升了对信息管理系统的访问速度、提高了信息服务水平、提高信息公开水平；硬件建设成本降低，减少了对于高级硬件和软件的需求；优化了资源配置；降低信息化建设成本和维护成本
	自然资源情报分析自动化：世界云巨头亚马逊AWS与美国国家地理空间情报局合作，基于1200万张影像、5000万条观测索引，利用云计算技术，将其75%以上的数据分析转变为自动，转化为价值极高的情报		政府智慧服务：基于大数据云计算支持，为纳税人构建税务追溯体系		

续表

技术类型	自然资源领域应用及趋势		电子政务领域应用及趋势		技术特点及优势
	应用案例	发展趋势	应用案例	发展趋势	
人工智能 地质灾害监测	重庆市"基于高清视频监控的危岩崩塌人工智能驱动体系",利用深度学习算法,开发危岩崩塌预测相关判别模型和检测算法,实现对危岩崩塌的预防监控	通过综合利用人工智能、云计算等技术,以自然资源"一张图"为支撑,充分利用各行业互联网信息,集成知识库、规则网库与人工智能技术,建立基于大数据决策监管机制,全面提升自然资源综合监测感知能力,形成综合预判能力,实现自然资源领域的智能化管理	智能服务:杭州"12345"市长热线推出智能客服"小杭",通过建立政务服务知识库,利用语音识别及分析技术,实时进行语义分析,通过开放式提示语音与用户实现交互	(1)推动实现智能化办公; (2)提供更加智能的决策辅助; (3)推动实现无边界化的智慧政务; (4)打造主动的政务服务模式	(1)特点:深度学习,跨界融合,人机协同,群智开放,自主操控。 (2)优势:高于人类的工作速度,优于人类的工作精度,胜于人类的工作态度,可在危险场合和极端环境下运行
人工智能 测绘与地理信息管理	自然资源部第三航测遥感院遥感信息化处理创新团队基于人工智能技术攻关的云检测关键技术,实现了遥感影像云区域的自动检测		审批流程优化:引入基于人工智能分析系统,通过可预见提前预见的分析模式,对申请人的个人情况、风险等各项条件进行分类评估,最后做出审批决定		

续表

技术类型	自然资源领域应用及趋势		电子政务领域应用及趋势		技术特点及优势
	应用案例	发展趋势	应用案例	发展趋势	
人工智能 自然资源执法督察	河北省将高点监控+人工智能技术应用到自然资源执法中,通过高空看、网上管、地上查,建立了自然资源智能监管平台	通过综合利用人工智能、云计算等技术,以自然资源"一张图"为支撑,充分利用各行业及互联网信息,集成知识库、规则库与人工智能技术大数据的审批、监管与决策自动化机制,全面提升自然资源态势综合感知能力,形势预判能力,实现自然资源领域的智能化管理	可信身份认证:北京市朝阳区不动产交易大厅部署3D结构光人脸识别智能系统,集高精度人证比对、动态人脸布控等多项人工智能技术于一体,有效缩短工业务办理时间	(1)推动实现智能化办公; (2)提供更加智能的决策辅助; (3)推动实现无边界化的智慧政务; (4)打造主动的政务服务模式	(1)特点:深度学习、跨界融合、人机协同、群智开放、自主操控。 (2)优势:高于人类的工作速度,胜于人类的工作态度,可在危险场合和极端环境下运行
地质矿产调查	加拿大Goldspot公司使用模式匹配、预测分析以及可以处理地图和地质视觉的计算机视觉系统,经过大数据分析,更好地预测矿产资源分布		网络监管:广东省在省政务云平台上部署"态势感知与网络安全风险控制系统",运用深度学习、大数据分析等技术对全省以及各地市网络安全风险进行评估		

续表

技术类型	自然资源领域应用及趋势		电子政务领域应用及趋势		技术特点及优势
	应用案例	发展趋势	应用案例	发展趋势	
知识图谱	自然资源知识库构建：广东省将地块信息按照规则统一描述与编码，形成知识模型，知识源知识抽取，通过知识融合建立自然资源知识库，为大数据挖掘分析提供支撑	（1）增强开放领域知识抽取能力，探索跨语言的知识抽取方法，对多源异构数据进行融合并自下而上构建自然资源底层知识库；（2）融合深度学习，强化自然语言处理能力，添加自然资源知识规则，排除知识噪声干扰，实现知识推理，预测变化规律与发展趋势	政务网站语义搜索：北京市政务网站智能搜索引擎借助知识图谱解析搜索内容，按相关性排序呈现办事指南与政策法规等一体化搜索结果，实现政府信息一网通查，精准获取。政务事项梳理：浙江省"最多跑一次"项目应用知识图谱，构建业务知识库，对高频数据进行关联排查，厘清事项基因图谱，联办事项与申办材料，提升办理效率	（1）推进政务信息资源画像，实现智能政务数据治理；（2）加强用户需求画像，主动推送个性化服务，实现智慧政务搜索；（3）强化语义分析能力，精准理解用户需求，实现智慧政务问答；（4）推动知识推理关键技术发展，迈向智能政务决策	（1）特点：一种特殊的图数据，人类可识别且对机器友好，自带语义蕴含逻辑规则，可解释性。（2）优势：多样化知识获取能力，准确进行知识融合，极强的知识表达能力与建模应用灵活性

续表

技术类型	自然资源领域应用及趋势		电子政务领域应用及趋势		技术特点及优势
	应用案例	发展趋势	应用案例	发展趋势	
知识图谱	提取研究热点：国内学者以关键词检索的文献数据为基础数据源，绘制数据知识图谱，提取、展现领域中重要节点与关键词，实现对自然资源领域研究热点与学术前沿的可视化分析	(1) 增强开放域知识抽取能力，探索跨语言的知识抽取方法，对多源异构数据进行融合并构建自然资源底向上构建知识库；(2) 融合知识图谱与深度学习，强化自然语言处理能力，添加自然资源知识规则，实现排除噪声干扰，以知识推理预测变化规律与发展趋势	智能问答：浙江省基于政务知识图谱智能问答信息，能够并识别推荐咨询热点事项需求信息，综合历史记录扩展预测，实现个性化良好的交互服务体验 政务舆情监测：新浪舆情舆情网络图谱，定时通过政务舆情网络信息，实时进行扫描、自动发现热点事件，按照相应预警级向负责人下发预警信息，提高应对效率	(1) 推进政务画像，实现政务数据治理资源画像，政务数据治理；(2) 加强用户需求，主动推送个性化服务，实现智能政务搜索；(3) 强化语义分析能力，精准推理用户需求，实现智慧政务问答；(4) 推动知识技术发展，迈向关键能应用与智能政务决策	(1) 特点：一种特殊的图数据，人类对识别且对机器友好，自带语义蕴含逻辑规则，可解释性。 (2) 优势：多样化知识获取能力，准确进行知识融合，极强表达能力与建模应用灵活性

第八章 自然资源电子政务建设技术创新发展与应用

续表

技术类型	自然资源领域应用及趋势		电子政务领域应用及趋势		技术特点及优势
	应用案例	发展趋势	应用案例	发展趋势	
三维仿真	国土空间规划：福建省与安徽省城市三维仿真应用系统，集成新型三维数据、传统影像数据，达成对城市地上地下空间一体化动态管理与应用	（1）建立三维立体+时间的多维度、全方位多维数据管理手段；（2）强调三三维一体化的空间分析能力；（3）打造"即时分析、实时展示平台及'三维大场景展示平台及评估决策、推演未来"的三维智能模拟平台	虚拟政务大厅：北京市借助VR全景技术、线上还原政务中心场景功能，嵌入虚拟窗口及客服，实现功能指南导览及业务办理咨询与在线申报审批的对话式交互，优化办事流程与体验	（1）构筑智慧政务三维实景基础平台；（2）开放接口服务，汇聚公共参与力量；（3）建成智能虚拟可视政务服务中心	（1）特点：三维可视化、沉浸式体验、灵活的人机交互。（2）优势：动态及实时展示、高速计算处理、智能多媒体交互的多媒体技术，二三维一体化
	国土空间用途管制：北京超图软件股份有限公司二维三维融合衔接二维公共管制平台与三维场景信息，在三维场景中对自然资源信息、生态保护红线进行对比分析，为国土空间用途管制提供参考				

175

续表

技术类型	自然资源领域应用及趋势		电子政务领域应用及趋势		技术特点及优势
	应用案例	发展趋势	应用案例	发展趋势	
三维仿真	**不动产登记管理**：广东省与江苏省不动产实景三维模型，结合三维建模与倾斜摄影，实景直观展示不动产数据，实现三维不动产登记数据与三维空间数据一体化表达 **地矿资源保护**：山东省及河南省三维矿山环境恢复治理综合管理平台，利用无人机航测、三维GIS等技术，实现矿山修复治理各阶段数据，成果的综合管理 **国土测绘调查**：山西省在国土"三调"中采用影像倾斜科技术，叠加影像数据，建立的"三调"模型与数据库，满足"三调"测绘工作精准化需求	（1）建立三维一体+时间的多维度，全方位多维数据管理手段； （2）强调二三维一体化的空间分析能力； （3）打造"即时分析，实时展现"三维大场景展示平台及"评估决策，推演未来"的三维智能模拟平台	**三维地图服务**：江苏省建立三维地理信息共享平台，统一提供三维虚拟地理环境服务接口供各业务部门及各级用户调用，实现三维地图资源的互联互通与集成应用 **建设项目三维审批**：上海市建设项目三维审批业务，在"多证合一"系统中调取三维场景，插入报审书两证、3D模型，核验审批一致性，提升审批质量与效率	（1）构筑智慧政务三维实景基础平台； （2）开放接口服务，汇聚公共参与力量； （3）建成智能可视化政务服务中心	（1）特点：三维可视化，沉浸式体验，灵活的人机交互。 （2）优势：动态及实时计算处理，高速计算，智能交互的多媒体技术，二三维一体化

一、"政务＋直播"服务新模式

"政务＋直播"服务新模式是指利用短视频直播平台，通过云和直播间建立与企业和群众的互动渠道，就企业和群众关心的、自然资源部门发布的相关政策，自然资源部门为民服务渠道和途径，业务办理中的疑惑和存在的问题，以在线宣讲和在线答疑的方式，为企业和群众提供服务，实现自然资源部门与企业和群众的无障碍交流。这种"直播现场解答、留言及时回复"的新模式，能够提升企业和群众的办事体验与便利程度。

二、不动产"云网签"

与不动产登记业务相关的服务模式创新包括"云网签""政银合作""智能审批"等。如在河南省濮阳市、江苏省苏州市等地提供的不动产业务登记信息中，在原有"减材料、减环节"的基础上，将智慧税收纳入不动产交易，联动税务部门，基于全生命周期视角，将不动产交易过程中的各个环节如合同签订、备案、缴税、登记等业务进行整合优化，纳入线上办理。针对任一环节的业务办理结果，进行信息主动推送。同时，为了提高效率，对原有的受理流程、签章流程、支付流程、办结流程进行整合优化，实现一次办理，有效解决了群众办事"多头跑"等难点问题，大大缩短了二手房交易税费办理时间，提高了工作效率和服务质量。山东省土地市场网，以云平台为基础，将业务过程迁移上云，依托不动产登记大数据，实现在云平台上读取土地交易数据，完成市场交易，并在云平台完成签约手续等，为全省土地市场交易主体、服务机构和监管部门提供"一站式"便捷服务等。

三、"实景三维"建设

"实景三维"建设是指利用数字影像、激光雷达等技术手段，生成具有真实感的地理实体和地理场景的三维模型，并以此为数字底座搭载其他实体和物联感知数据，叠加自然资源、国土空间规划和用途管制、社会经济等数据，促进自然资源管理各环节向科学化、精细化、智能化迈进。具体来说，"实景三维"模型的立体性、全面性和精准性，使其在国土空间规划、城市规划、防灾减灾、不动产登记和矿产资源管理等方面发挥了重要作用，如实现城市规划方案的动态模拟和三维比选，提高决策的科学性。除了面向自然资源系统内部，"实景三维"建设还可为部委、局办、企事业单位等提供空间数据的相关查询展示、业务协同审批等服务，为公众提供二维、三维空间数据服务。以杭州市为例，截至 2024 年 3 月，杭州基于"实景三维"整合自然资源、空间规划和社会经济数据，将三维地理空间信息服务融入城市大脑平台运行中，服务城市规划管理、自然资源管理、一网通办、应急管理、基层社会治理、一网统管等百余个场景。

四、"政务图谱"智能升级

"政务图谱"是指将知识图谱技术应用于政务服务领域。以节点和边的形式来表达政务服务的流程和内容，更加容易被用户所接受。因此，"政务图谱"具有直观、形象和易于理解等优势。此外，"政务图谱"允许将复杂的政务知识通过数据挖掘、信息处理、知识计量，以可视化的方式展现出来，有助于提高数据共享能力，实现数据的动态更新，并支持智能化的政府信息服务。如与智能问答、个性化推荐等功能结合，支撑"一网通办"向个性化、精准化、主动化、智能化的服务方式转型。以上海市普陀区为例，截至 2023 年 9 月，上海市普陀区通过"政务图谱"，已完成了 103 个条件预检模型、104 个免填免交模型以及 1 个无人干预审批模型。

五、"人工智能＋政务服务"新模式

"人工智能＋政务服务"是指在大数据、大算力、强算法等人工智能自身组成技术的基础上，结合互联网、区块链、元宇宙等数字化技术，实现对自然资源政务服务事项的智能升级和深度融合，进而更好地为民众提供便民且智能化的政务服务。比如，在系统登录时，通过刷脸技术可以实现用户的身份自动认证；用户有疑难问题时，通过在线客服、智能客服提供支持，主动推送信息服务等；在行政审批过程中，辅助工作人员智能审查材料；使用智能自助终端、机器人等为用户提供服务，并对用户使用系统过程中的网络异常行为进行预警等。

主要参考文献

[1] 吕宾. 推进自然资源资产产权制度改革 促进生态文明建设 [J]. 中国国土资源经济, 2022, 35 (5): 1.

[2] 姜晓萍, 汪梦. 国外政府流程再造的核心问题与启示 [J]. 社会科学研究, 2009 (6): 41-45.

[3] 李爱民. 业务流程再造实践、实证研究述评与展望 [J]. 现代管理科学, 2006 (9): 32-35.

[4] Grover V, Seung Ryul Jeong, Kettinger W J, et al. The implementation of business process reengineering [J]. Journal of Management Information Systems, 1995, 12 (1): 109-144.

[5] 高玉琢. 湖北省自然资源在线政务一体化建设问题研究 [D]. 武汉: 华中科技大学, 2021.

[6] Guidolin M, Manfredi P. Innovation diffusion processes: concepts, models, and predictions [J]. Annual Review of Statistics and Its Application, 2023, 10: 451-473.

[7] 朱锐勋. 中国政府信息资源开发的政策演进研究 [J]. 电子政务, 2014 (6): 71-78.

[8] 杨述明. 数字政府治理: 智能社会背景下政府再造的必然选择 [J]. 社会科学动态, 2020 (11): 25-34.

[9] 喻存国, 王孝强, 宋韦剑. 土地生命周期管理模式研究 [J]. 国土与自然资源研究, 2011 (4): 22-23.

[10] 蔡先矣, 李钢, 尹鹏程. 土地管理业务全要素生命周期模型研究 [J]. 中国土地科学, 2013, 27 (12): 46-51.

[11] 周妍. 矿山土地复垦全生命周期监管体系及信息化研究 [D]. 北京: 中国地质大学 (北京), 2014.

[12] 贾春霞，姚玉全，寻知锋，等．面向土地全生命周期管理的"一码管地"建设探索与应用［J］．山东国土资源，2023，39（7）：66-71．

[13] 张金花，陈勇，吴思，等．基于OSG的地上地下一体化管网信息可视化平台研究与实现［J］．城市勘测，2023（S1）：47-50．

[14] 国务院办公厅．国务院办公厅关于印发全国一体化政务大数据体系建设指南的通知［J］．中华人民共和国国务院公报，2022（31）：19-31．

[15] Tallon P P, Ramirez R V, Short J E. The information artifact in IT governance: toward a theory of information governance [J]. Journal of Management Information Systems, 2013, 30 (3): 141-178.

[16] 景世通，赵希翼，王勇，等．基于"互联网＋"举证平台的四川省土地自然资源调查与监管［J］．矿产与地质，2021，35（6）：1216-1220，1228．

[17] 徐苏维，唐华．南京市自然资源一体化审批流程研究与设计［J］．地理信息世界，2021，28（5）：106-110．

[18] 郑伟．成都市龙泉驿区"生命周期"行政审批流程再造案例研究［D］．成都：电子科技大学，2017．

[19] 毛子骏，朱钰谦，徐晓林．中国省域政务数据安全政策文本量化研究［J］．情报杂志，2021，40（12）：72-79，50．

[20] 张牧遥．数据参与自然资源治理：从管理效率到分配公平［J］．社会科学论坛，2022（4）：176-188．

[21] 唐静秋．浅析遥感信息技术在自然资源监测监管中的应用［J］．测绘与空间地理信息，2022，45（10）：38-40．

[22] 李冰，关显明，古一鸣．基于大数据的省级国土空间基础信息平台关键技术研究及应用［J］．测绘与空间地理信息，2021，44（S1）：65-68．

[23] 位明露，潘伯鸣，冉慧敏．市区镇三级统建的国土空间基础信息平台建设方案研究与应用［J］．城市勘测，2022（5）：6-9．

[24] 张晏，吴孔逸．以自然资源数字化发展助力实现中国式现代化［N］．中国自然资源报，中国自然资源报，2024-02-07（2）．

[25] 孙扬．基于改进智能优化算法的云任务调度研究［D］．呼和浩特：内蒙古农业大学，2021．

[26] Islam R, Patamsetti V, Gadhi A, et al. The future of cloud computing: benefits and challenges [J]. International Journal of Communications, Network and System Sciences, 2023, 16 (4): 53-65.

[27] 张显龙，聂彤彤．云计算环境下的信息安全问题研究［J］．信息安全与通信保密，2013（9）：68-72．

[28] 刘素茹. 智慧广东时空信息云平台支撑环境设计探讨 [J]. 智能城市, 2019, 5 (16): 1-3.

[29] 于广婷, 曹发伟, 刘同文, 等. 地质大数据支持下的智慧地矿业务支撑平台构建 [J]. 测绘通报, 2020 (12): 128-131, 163.

[30] 张鹏程, 杨梅, 何华贵. 智慧广州时空云平台基础设施即服务的设计与实现 [J]. 地理空间信息, 2019, 17 (4): 1-5, 9.

[31] 常冰. 山东省 G 部门大型 IT 项目建设的多项目管理研究 [D]. 济南: 山东大学, 2017.

[32] 涂美义. 省级地质灾害应急服务架构及方法体系研究——以湖北省为例 [D]. 武汉: 中国地质大学, 2016.

[33] 孙勇, 廖冲斌. 基于 GIS 的农业"两区"管理信息系统建设与应用 [J]. 四川地质学报, 2021, 41 (S2): 74-78.

[34] 王春水. 自然资源数据治理与应用研究——以山西省为例 [J]. 国土资源信息化, 2019 (4): 15-19.

[35] 陈鑫祥, 吴锦超, 袁国铖. 面向大数据的时空信息云平台建设研究 [J]. 测绘与空间地理信息, 2020, 43 (3): 138-140, 145.

[36] 赫瑞. 基于空间大数据、云计算技术的省级自然资源空间基础信息平台架构设计 [J]. 河北省科学院学报, 2020, 37 (3): 9-14.

[37] 李超. 中国公路自然区划地理信息系统研究 [D]. 西安: 长安大学, 2008.

[38] 刘峤, 李杨, 段宏, 等. 知识图谱构建技术综述 [J]. 计算机研究与发展, 2016, 53 (3): 582-600.

[39] 李萌萌. 基于社交媒体的突发事件主题挖掘与知识图谱构建 [D]. 武汉: 武汉大学, 2020.

[40] 屈晓波, 陈安慧, 易小威. 自然资源行业数据中台建设思路 [J]. 自然资源信息化, 2022 (5): 31-38.

[41] 李晓波, 吴洪涛, 赵越. 通过信息化推进国土空间治理现代化 [J]. 中国测绘, 2019 (6): 46-51.

[42] 朱瑞琪. 基于深度学习框架的图像特征检测服务的设计与实现 [D]. 沈阳: 中国科学院大学 (中国科学院沈阳计算技术研究所), 2022.

[43] 杜圣东, 杨燕, 滕飞. 交通大数据: 一种基于微服务的敏捷处理架构设计 [J]. 大数据, 2017, 3 (3): 53-67.

[44] 刘红勇, 徐敏, 张静晓, 等. 基于 GIS 的特长公路隧道火灾风险管理研究 [J]. 重庆交通大学学报 (自然科学版), 2023, 42 (8): 114-124.

[45] Abgaz Y, McCarren A, Elger P, et al. Decomposition of monolith applications into microservices architectures: a systematic review [J]. IEEE Transactions on Software Engineering, 2023, 49 (8): 4213-4242.

[46] 张静. 军民基础地理信息数字成果及标准融合初探 [J]. 中国标准化, 2022 (2): 31-35.

[47] 廖志强. 城市医疗设施的空间可达性与布局优化研究——以福州市仓山区为例 [D]. 福州: 福建师范大学, 2016.

[48] 夏苏琼, 李乃强. 基于 Python 与 ArcPy 的电子地图自动化制图研究 [J]. 测绘与空间地理信息, 2021, 44 (9): 221-224.

[49] 白穆, 薛明. 4D 产品在地理国 (省) 情监测中的应用探讨 [J]. 地理空间信息, 2014, 12 (5): 7-8, 16-17.

[50] 邵军, 李韶颖, 陈涛, 等. 浅谈基于 GEOWAY 软件的地理国情监测数据库建库——以湖北省 2018 年地理国情监测数据为例 [J]. 测绘与空间地理信息, 2022, 45 (7): 167-170.

[51] 胡伟. 基于"一张图"的 A 市国土建设用地项目审批管理系统研究 [D]. 武汉: 武汉工程大学, 2017.

[52] 耿瑞雪. 基于蚁群算法的土地利用空间优化配置研究 [D]. 武汉: 华中科技大学, 2019.

[53] 刘聚海, 佟业真, 张敬波, 等. 自然资源确权登记信息系统总体框架研究 [J]. 国土资源信息化, 2020 (6): 3-8.

[54] 胡玥, 耿雯, 郭一珂, 等. 全省统一矿产资源规划数据库研究与建设 [J]. 自然资源信息化, 2022 (6): 20-24.

[55] 矿业权管理信息系统项目组. 矿业权数据库内容简介 [J]. 国土资源信息化, 2003 (2): 47-48.

[56] 向建明. MAPGIS 地质数据套合公开地理数据及其误差研究 [D]. 北京: 中国地质大学 (北京), 2013.

[57] 毕曼. 国土资源"一张图"核心数据库建设研究 [D]. 西安: 长安大学, 2013.

[58] 杜剑伟. 基于"一张图"的国土资源综合监管系统的设计与实现 [D]. 北京: 中国地质大学 (北京), 2017.

[59] 阮凌志. 数据治理视角下的科学数据湖存储模式研究 [D]. 上海: 华东师范大学, 2021.

[60] 杨亮. 国土资源"一张图"综合服务系统的设计与实现 [D]. 南京: 南京理工大学, 2018.

［61］张颖．国土资源"一码管地"系统的设计与实现［D］．武汉：长江大学，2022．

［62］吴颖，王将来，徐蓓蓓．"一码管地"框架下的土地全生命周期数据关联模型研究［J］．地理空间信息，2024，22（5）：66-69．

［63］张丹，陈晓茜，牟紫微．湖北省"一码管地"探索与实践［J］．地理空间信息，2023，21（9）：77-80．

［64］Jeyaraman J，Bayani S V，Malaiyappan J N A．Optimizing resource allocation in cloud computing using machine learning［J］．European Journal of Technology，2024，8（3）：12-22．

［65］Shin H，Lee K，Kwon H-Y．A comparative experimental study of distributed storage engines for big spatial data processing using GeoSpark［J］．The Journal of Supercomputing，2022，78（2）：2556-2579．

［66］Korkut E H，Surer E．Visualization in virtual reality：a systematic review［J］．Virtual Reality，2023，27（2）：1447-1480．

后记

加快打通数据壁垒，推动自然资源电子政务一体化建设工作，是大势所趋。为加快自然资源电子政务一体化建设，依托湖北省自然资源厅信息化建设实际，笔者先后承担自然资源电子政务一体化设计项目和省（自治区、直辖市）级自然资源业务图谱建设项目相关工作。在项目调研中，笔者深刻认识到，自然资源业务非常复杂，自然资源部门的电子政务建设涉及前期规划、数据资源整合、数据资源应用以及后期维护等。项目实际调研中，笔者发现，受不同阶段技术发展约束等因素的影响，当前自然资源部门内的政务服务具有平台多样、技术多样的特征，电子政务一体化建设仍然面临不少困境。在自然资源机构改革背景下，自然资源电子政务一体化建设在业务数据整合、业务融合等方面还存在不少难点和痛点，部分业务系统和已有的国土空间基础信息平台衔接仍然不够，面向全生命周期的自然资源电子政务一体化建设模式仍然有待进一步推进。

本书针对自然资源电子政务一体化建设中存在的部分问题，从省（自治区、直辖市）级自然资源部门电子政务一体化建设视角，对自然资源部门的内、外网业务系统组成进行了归纳、总结和分析，并结合当前自然资源部门国土空间基础信息平台建设实际，从云架构和云服务总线建设思路，探索了自然资源电子政务建设的总体架构和关键技术支撑。在此基础上，以新增建设用地报批为例，从全流程视角，开展了地政业务关联一体化建设模式探索，开发了原型系统并进行了验证。原型系统初步应用表明，本书提出的建设思路和方案，对于面向全生命周期的自然资源电子政务一体化建设模式具有较大的应用价值和借鉴意义。该模式的推广和应用，能够为进一步深入推进自然资源电子政务一体化建设提供参考。

本书从全生命周期和业务全流程视角对自然资源电子政务一体化建设进行了探索，并结合当前技术创新的发展趋势，对当前国内部分地区的先进做法进行了总结，并初步搭建了自然资源电子政务一体化建设的相关概念框架。但需要注意的是，自然资源电子政务一体化建设涉及的内容和范围复杂而广泛，可探索和研究的议题较广，涉及网络基础设施、业务体系、技术平台、新一代信息技术创新等，加之信息技术创新迭代演进发展速度非常快，无法涵盖自然资源电子政务一体化建设的所有内容。本书涉及的也仅是自然资源电子政务一体化建设的一部分，不少技术创新模式还未整合到本书中。因此，笔者更希望看到的是，本书能够抛砖引玉，能够引发大家思考，唤起更多的学者关注和重视自然资源电子政务一体化建设，并期待更多的研究出现。

  本书在撰写过程中，参考了大量的政策文件、自然资源信息化建设有关文献资料，以及部分地区的一些做法和经验，笔者尽可能做到了规范引用和标注。但鉴于自然资源电子政务一体化建设的复杂性，涉及的范围很广，仍然会有不少较有价值的文献和技术创新模式遗漏，谨向这些研究者致歉并致敬。此外，本书提出的部分技术创新在自然资源电子政务建设实际中的应用，相比实际工作也可能略有超前。例如，有关数字孪生技术，尽管该概念在工业领域、智慧工厂、城市大脑建设和一网通管等领域已经比较常见，但笔者两年前在相关自然资源部门开展调研工作时，该概念在相关自然资源部门的讨论和应用并不多见。数字孪生技术在自然资源部门的实际应用、相关探讨以及原型系统的开发，也只是近期才陆续出现的。因此，本书提出的相关理念在工作中如何付诸实践并取得良好的效果，还需要结合自然资源工作实际进一步观察。

  总之，本书提出的观点及相关内容，主要建立在笔者对部分自然资源部门进行调研的基础上，部分解决方案的提出，也仅是一家之言，不成熟和错误之处在所难免。恳请同行和广大读者提出批评意见，并共同探讨，以便将来有机会再版时补充完善。

2024 年 3 月 16 日于喻家山